缔造梦想班级

李涛　宋艳丽/主编

辽宁人民出版社

图书在版编目（CIP）数据

　　缔造梦想班级 / 李涛，宋艳丽主编． -- 沈阳：辽宁人民出版社，2025．1． -- ISBN 978-7-205-11364-3

　　Ⅰ．G63

　　中国国家版本馆 CIP 数据核字第 20244PC675 号

出版发行：辽宁人民出版社

　　　　　地址：沈阳市和平区十一纬路 25 号　邮编：110003
　　　　　电话：024-23284191（发行部）　024-23284304（办公室）
　　　　　http://www.lnpph.com.cn

印　　　刷：天津光之彩印刷有限公司

幅面尺寸：160mm×230mm

印　　张：16

字　　数：166 千字

出版时间：2025 年 1 月第 1 版

印刷时间：2025 年 1 月第 1 次印刷

责任编辑：段　琼

装帧设计：一诺设计

责任校对：李嘉佳

书　　号：ISBN 978-7-205-11364-3

定　　价：68.00 元

编　委　会

国无德不兴，人无德不立。育人的根本在于立德。冷冉在《我的基本教育观》一文中说："良好的课堂教学、良好的师生关系、良好的班集体是打开学生的三把钥匙，是使教育处于驾驭环境地位的根本条件。"良好的班集体能够有效发挥文化育人、课程育人、活动育人、实践育人、管理育人、协作育人的作用，从而潜移默化地影响着班集体中的每一位成员，由集体作用于个人，由被动的德育接受转变为主动的自我德育，令德育工作事半功倍。《中小学德育工作指南》中"管理育人"途径明确提出："班主任要全面了解学生，加强班集体管理，强化集体教育，建设良好班风。"因此，班集体建设与管理是学校贯彻党的教育方针，落实立德树人的根本任务，加强和改进德育工作的重要路径和载体。

大连南金实验学校从中小学班集体建设与管理入手，将"缔造梦想班级"作为德育载体，加强和改进学校德育工作，并进行了"梦想班级"德育模式的探究与实践。说起梦想，大到一个国家、一个民族，小到一个班集体，到个人，都有梦想。梦想是奋斗的坐标，是实践的导航，习近平总书记在中国共产党第十九次全国代表大会上的报告中提出实现中华民族伟大复兴的中国梦。大连南金实验学校，又名南金书院，始建于1773年，被誉为"辽南第一书院"，曾经培养出270多名科考人才和数不胜数的名人志士，后来因战乱停办。2015年，新建的大连南金实验学校是一所九年一贯制公办学校。"复兴南金书院"是新时代南金教职员工的梦想与使命。建校九年来，学校从零起步，发展至今已有107个中小学班级。学校将中华优秀传统文化浸润于德育一体化，践行"培育家国栋梁，带动一方文明"的发展愿景。在"梦想班级"德育模式研究实践过程中，107个班级分别以班级师生共同梦想为目标，设班名、立班规，建立了每个班级独有的班级文化，各班开展丰富多彩的班级活动，形成了"各美其美、美美与共"的梦想班级管理特色。走进这所学校，能够亲身感受到每个班级独一无二的班级文化，107个班级"各美其美"，9个年级"美美与共"；能够近距离感受这所学校的学生身上散发的知书达理的气质、"知行合一"的学风；他们阳光自信、落落大方，彰显出"自强不息"的校风。

本书由大连南金实验学校中小学德育中层及以上领导共同参与编写。在本书的具体撰写中：李涛负责全书目录架构，并负责全书审稿工作；宋艳丽负责撰写第一章，并负责全书统稿工作；白璧瑜负责撰写第二章，丛凯伦负责撰写第三章，刘晓莹负责撰写第四章，王美负责撰写第五章，杨禄负责撰写第六章，宫涵负责校稿编辑工作。

根据中共中央、国务院《关于深化教育教学改革全面提高义务教育质量的意见》（2019 年 6 月 23 日），教育部《中小学德育工作指南》、《义务教育学校管理标准》（教基〔2017〕9 号）与教育部等六部门《义务教育质量评价指南》（教基〔2021〕3 号）的指标要求，拟定了本书目录。

本书共包括六部分内容：一是班集体建设，德育工作的载体；二是班集体建设，德育模式的构建创生；三是班集体建设，德育工作的内生动力；四是班集体管理，德育工作的活力；五是班集体活动，德育工作的动力；六是多元评价，德育工作的尺子。书中围绕这六个方面，结合本校真实教育案例进行解读，记录了该校九年来在中小学"缔造梦想班级"德育实施过程中梳理出的德育内容、德育方法、德育途径、德育评价，形成了典型化、示范性、可操作性的德育实施体系，是对学校班集体建设与管理自身经验做法的有效总结，也给更多中小学校进行"梦想班级"德育模式探索和改革实践提供了参照样本，具有积极的研究和实践价值。

心怀梦想，路至远方。习近平总书记曾强调，今天的学生就是未来实现中华民族伟大复兴中国梦的主力军，广大教师就是打造这支中华民族"梦之队"的筑梦人。愿广大筑梦人以梦为马，从本书中汲取教育智慧，遵循中小学生身心发展的规律，运用科学的教育方法，运用丰富的教育资源，积极探索班集体建设模式，创新班级管理，做好德育工作，培养社会主义建设者和接班人。

金普新区教育局局长

2024 年 11 月 4 日

目　录

第一章

班集体建设，德育工作的载体

一所学校的教育品质，在很大程度上是由一个个班集体的教育品质决定的。正如苏联教育家马卡连柯对集体教育的阐释，需要"在集体中"育人，"通过集体"育人，"为了集体"育人。

班集体是由班主任引导学生、组织学生发展而成的一个可以进行自我管理和自我教育的群体。班集体是学生学习和校园生活的最小单位，是学校开展德育工作的基本载体，是学生全面发展、个性发展的基本环境和重要源泉。班集体建设整体的德育氛围，对班级每一个学生在德育过程中，都会产生积极、正向、多方面而且是极为深刻的影响。因此，建设优秀的班集体能够充分发挥班集体的育人功能，这也是提升学校德育工作品质的关键因素。

根据形势的变化，不断探索班集体建设的作用，深入分析班集体形成的特点和规律，全面总结和推广班集体建设的经验，对全面贯彻教育方针，实现学校教育目标，把学生培养成德、智、体、美、劳全面发展的一代新人有着特殊的重要意义。

第一节　梦想班级集体建设的概述

一、什么是班集体建设

班集体不是随意集合体，也不是随机集合体，而是为了使学生得到充分、全面发展，有目的、有计划、有步骤地开展社会活动的教育集合体。班集体建设是以班级为单位，组织全体学生朝着班级目标自觉追求、共同发展的集体阶段。班集体建设以班级目标为导向，以班级规定为准则，自觉约束言行，形成较强的自我教育能力，促进学生身体和心理健康，形成正确的舆论和良好的班风。班集体建设能够整体、全面、有效地推进班级德育质量，更好地促进学生个体的成长和发展。

（一）班集体建设的特征

1.目标性——班集体建设的基础

班集体要有明确的共同目标，作为全班师生共同的努力方向。班级目标要体现国家教育方针及学校教育目标，以全体成员德、智、体、美、劳全面发展为基础，有明确的目的和任务；班级目标还要符合学生身心发展水平，分为短期、中期、长期目标，不断激励学生为实现不同的阶段目标开展班级集体性活动。

2. 组织性——班集体建设的核心

班集体要有健全的组织机构，通过民主评议、公平竞争，建立分工明确、团结一致的班委会，有能力对班级事务、活动进行有序管理。班委会可建立常任制和轮流制相结合的方式，实行班级角色动态分配，给每个学生参与班级管理的机会。

3. 纪律性——班集体发展的保障

班集体要有全体班级成员在教育教学和日常行为活动中共同遵守的行为规范，有严格的纪律要求，形成人人遵守的班规。班规中既要有国家、学校政策法规要求，又要有班级自发形成、师生共同约定俗成的内容。班规对于班级学生的行为有着定向、约束作用。

4. 民主性——班集体发展的氛围

班集体成员之间要平等、互爱、欣赏、互助，每一个成员都能在集体中发挥、体现自身价值，又能够从其他成员身上学习优点、接纳缺点，建立民主和谐、取长补短、团结友爱的人际关系，营造富有朝气的班集体良好舆论和令人振奋的班风。

（二）班集体建设的途径

1. 在教学活动中建设班集体

教学活动是一种有目的、有计划、有规范的班级集体性学习活动，是建设班集体的主要途径。充分发掘教学目标和活动中促进班集体建设的因素，开展集体性学习活动，有利于营造快乐、有序、积极向上的班集体学习文化。

2. 在班级管理中建设班集体

首先，确立班集体与个人和谐发展为本的班级管理理念；其次，管理方式有助于自我发展和自我教育；再次，班集体发展到不同水平有不同的管理目标；最后，集体意愿形成班集体规范。

3. 在班本化活动中建设班集体

班本化活动是指除了班级教学、管理活动之外，班级集体性自发开展的具有本班特点的活动。集体性的班本化活动往往能有效促进班集体与个人发展，对于学生德育有着自我教育的影响。

4. 在随机教育中建设班集体

问题往往蕴含着德育的契机。班主任要善于观察分析集体性现象和问题，开展随机教育，从班集体出现的随机问题中唤醒学生的自主意识、集体意识，民主探讨解决班集体中遇到的问题，从而推动班集体建设与发展。

（三）班集体建设的方法

1. 目标管理法

通过设定集体和个人目标，围绕目标加以实施、评价、鉴定，以完成目标促进班集体建设。

2. 制度推进法

通过班级建立制度，以制度规范、约束班级学生的言行，并依据制度进行班级管理，以形成执行班级制度推进班集体建设。

3. 系统活动法

通过组织开展系统的班级活动，在活动中加强德育，提高集体凝聚力，以达成通过活动推动班集体建设的目的。

4. 综合评价法

通过班主任、学科教师、学生、家长不同层面，参与集体评价，运用各种教育力量以立体式教育和多元评价助推班集体建设。

二、什么是特色班集体建设

所谓特色，是指事物表现出独有的色彩、风格等，是一个事物或一种事物与其他事物明显不同的风格、特点或形式。特色往往和事物产生、发展过程的环境因素有关。特色班级是指一个班级所表现的独特气质和风貌，不仅仅是班容、班貌的布置，还包含班级全体学生良好卫生、行为习惯的养成及学生精神面貌、班风、学风、团队精神、合作意识等方面。特色班集体建设是班级管理水平提升的保证，是班集体建设发展壮大的必经之路。

特色班级与班级特色的含义不同。班级特色是班级的独特风格，班主任工作个性、学校德育工作要求所进行的富有个性的班级建设内容，是班级的个别或某些强项或优势，学生某专项技能上的发展，更多注重的是知识层面和技术层面。而特色班级追求的是班级文化和班级师生精神层面的发展，也可以说是班级成员价值观的发展。要想创建特色班级，首先必须经历培育与发现班级特色并提炼内涵的过程，逐步梳理总结成为班级师生公认的班级精神内涵。班级精神内涵会促进班级建立起独特的文化模式，成为班级积极向上的精神动力，最后形成与众不同的特色班级。特色班集体往往可能是通过班级某一个特色项目培养起来的，因此，特色项目的深入推进与阶段性成果的产生，也标志着特色班集体创建的成功。

特色班集体通常体现出以下几方面特色。

（一）班级文化特色

班级特色的主旨是文化。班级文化包罗万象，包括班级环境布置等显性文化和班级目标、制度、规定等隐性文化，即物质文化和精神文化。当一个班级物质文化和精神文化有机融合，班集体建设经历了内涵发展与培育，以精神文化为引领，形成自觉履行的班级精神内涵时，文化就成为代表班级的一种有意义的符号和标志，成为引领、感召班级群体积极向上的精神动力，这个班级就具有了班级文化特色。班级文化特色与班级文化相比更加凝练，突出班级文化核心。如传统文化特色、红色文化特色。

（二）班级管理特色

班级管理是为了实现班级教育目标，师生双方互动的一种有目的、有计划的教育活动过程，包括教师管理和学生管理。现代班级管理注重以学生为核心，尊重学生的人格和主体性，充分发挥每一个学生的聪明才智，发扬学生个体在班级自我管理中的主人翁精神；建立一套能够持久地激发学生主动性、积极性的管理机制，确保学生持久发展；要实行班级干部轮换制，让每个学生都有锻炼的机会，并学会与人合作。常见的班级管理模式包括常态管理、目标管理、平行管理、民主管理等。不论哪种模式，只要得到师生共同认可，且满足班级全体成员发展需求，并形成持续不断的推动力，就是适合本班级的管理并发展成为班级管理特色。如值日班委轮流制、一岗多员定责制等。

（三）班级活动特色

活动是教育最生动、最灵活的载体，具有综合性育人价值。班级活动是从班级实际出发，符合班级学生兴趣特点，能引领班集体健康积极发展而开展的一系列有实效的系统教育活动，是班集体发展的最重要的因素之一。班级活动的根本目的是育人，学生在活动过程中提高认识能力、实践能力，培养良好个性，学习做人。好的班级活动应具备活动设计的整体性和系统性、班级成员的全员性和主体性、内容及形式的多样性和创造性。当班级活动能够开展得有效推动班集体建设并形成传统，就具备了班级活动特色。如每周一次读书交流会、每个月一次合唱表演等。

（四）班级合作特色

班级合作是指在班集体建设过程中，围绕班级目标，本班教师之间、学生之间、师生之间、家校之间配合协作，形成合力推动班集体建设与发展。班级合作有助于班级成员学会与人合作，提高社会参与素养，形成集体意识和主人翁意识，增强集体荣誉感和班级凝聚力，同心协力促进班集体进步。当班级合作形成一定模式或产生一定影响力，就形成了班级合作特色。如亲子社会服务特色、师生交流分享会等。

迄今为止，国内外开展的特色班集体建设已经取得了大量的成功教育实践经验。如：美国教育专家雷夫建立了"56号教室"，他的"班集体常态的戏剧表演"成为特色；年仅28岁的美国教师罗恩·克拉克因出台55条班规管理班级很出色而荣获"全美最佳教师"称号；我国当代著名教育改革家魏书生班级自治管理十分有特色；中国著名教育家新教育改革发起人朱永新教授提出了"缔造完美教室"的研究；山东省淄博市常丽华老师是"完美教室"的实践者，她的"小蚂蚁班"开设的节气诗词课程颇具特色……

这些成功的教育案例，都是以"班级"为载体进行的有效德育实践，他们的班集体建设具有目标性、组织性、民主性特点，在实践中分别形成并发展成独有的班级特色，当班级特色的优势不断巩固发展，班级建设就实现了特色班集体建设。

在创建特色班集体的工作过程中，班主任是班集体建设的主导者，班级全体学生是班集体建设的主体。班主任要有符合我国国情和新时代的教育理念，要把握教育规律，遵循班集体建设的基本要求，探索并了解班集体特色，组织全体班级成员开展班集体特色活动，不断发扬特色、树立班级自信，形成特色班集体建设。

三、什么是梦想班级集体建设

所谓梦想，"是对未来的一种期望，心中努力想要实现的目标"，也是精神层面的一种信仰。梦想班级是特色班级的一种，是以朱永新教授新教育理念为基础，以班级师生的共同梦想为目标，以师生共同精神偶像的精神内涵为引领，遵循道德人格发展理论，建立完善的班规、班级制度和班级评价体系，实现班级师生共同成长。梦想班集体建设可以为学生实现梦想提供合适的成长途径。

2019 年，大连南金实验学校提出了"梦想班级"德育模式研究课题，提出以缔造"梦想班级"为载体，积极营造"梦想班级"特色文化，健全中小学生班级自治管理制度，建立适合学生全面、个性发展的评价体系，通过家校共育开展"梦想班级"特色活动，充分发挥"梦想班级"德育模式在学校德育落实中的实效性和长效性。下面，以大连南金实验学校研究实践经验为例进行介绍。

（一）梦想班级集体建设方法

1. 榜样示范法

榜样示范法是指在梦想班级集体建设过程中，以班主任、班委会成员或积极分子为榜样，发挥示范引领的方法。"师者，人之模范也。"中国古代的孔子、朱熹，现代的鲁迅、陶行知等，为人师表，因示范性延伸为权威性的影响力，对学生甚至社会都产生了持久、巨大的影响。在梦想班级集体建设中，班主任老师要带头亲身示范，成为学生立德修身、追求梦想的榜样。班委会成员是班集体建设的骨干力量，班主任需要组织提醒班委会成员时时处处发挥班集体引领作用，给班级同学做好榜样示范。

2. 制度约束法

制度约束法是指在梦想班级集体建设过程中，班主任带领学生结合《中小学生守则》《学生日常行为规范》及学校规定，为梦想班级管理建章立制，组织学生认真学习并加以落实，培养班集体成员养成良好习惯的方法。这种方法能够在最短时间从整体上引导和约束班级学生的言行，并且按照制度进行常态化检查、评价，能够不断强化学生习惯，从而推动梦想班级集体的形成和发展。

3. 民主管理法

民主管理法是指在梦想班级集体建设过程中，班主任充分发扬民主精神，调动并指导学生发挥自我管理作用，促使班集体成长的方法。这种方法给了全体学生参与班级管理的平等机会，既能够充分调动起全体学生参与班级管理的积极性，又能发挥每个学生的优势，展示不同的管理策略，锻炼学生的管理能力，群策群力共同促进班集体发展，使班级各项工作落到实处。自主管理是学生主体性的表现。要尊重、信任、了解每一个学生，根据学生特点发挥长项进行引导，给每个学生参与管理的机会。

4. 激励强化法

激励强化法是指在梦想班级集体建设过程中，师生科学地制定集体及学生个人的短期目标和长期目标。班主任重视观察，要对于达成阶段目标或表现优异的个体进行及时的肯定，强化学生良好的习惯养成，不断激励学生以推动梦想班级集体建设。激励强化法还可以通过组织竞赛等方式，激励学生互比互学，朝着更高梦想目标奋进。

（二）梦想班级班集体建设的途径

1.营造以梦想为导航的班级特色文化

班级文化是校园文化建设及促进学生全面发展不可或缺的重要组成部分。它反映了班级师生的共同奋斗梦想，具有向心力和凝聚力，能指引并吸引班级成员努力朝着一个方向、一个目标携手奋进，对学生起着潜移默化的教育作用。班级文化建设的核心就是要建立一种能促进全班学生不断学习、思考与进步的精神文化，制定的过程就是班级师生对班级文化认同的过程。包括确定班名、设计班级名片、选编班歌、创设特色环境等。

2.健全以梦想为奠基的班级自治管理制度

苏格拉底说："教育不是灌输而是点燃，一万次的灌输，不如一次真正的唤醒。"自主管理是最能激发学生内在潜能、唤醒自我发展的教育管理方式，因此，推行学生自主管理也是很多班集体建设时教师、学生、家长的共同梦想。建立健全班级自治管理制度，是让全班学生参与自主管理，提升自主管理能力的基础与关键。具体包括制定班规、定岗定责、细化班规制度等。

3.建立以梦想为保障的班级评价体系

管理如果缺乏评价，就失去公平和管理的长效机制。因此，班级要想朝着梦想快速发展，必须对学生有客观的准确评价。建议学校将班级评价体系建立纳入针对班主任工作和班级评比考核中，建立优秀班主任、优秀班集体评选方案。鼓励各个班级根据实际情况实行本班的评价机制，学校尊重班级评价结果，以此作为学校推优的依据，如推荐为区域优秀学生、学校少先队员等。多元开放的评价机制，给班级评价提供了创新机会，也激励学生形成班级特色的光荣感、成就感，激发学生产生自觉积极向上的内驱力。提醒大家，班级评价体系的建立应注意多样性评价内容、多主体评价方式、多元化评价方式等。

4. 加强以梦想为助力的家校共育合作

学校和家庭作为教育的两个重要单位，如果携手同行，就能为"梦想班级"德育工作注入最强动力。建议学校充分尊重并发挥家长力量，以提升班级自信为出发点，为班级特色活动提供展示机会，如诵读、艺术、体育等特色活动以班级为单位进行展示，树立"一班一品牌，一班一特色"。班级特色活动的开展要考虑到学生的年龄特点，也要符合科尔伯格的"道德六阶段"原则，主张以班级为单位，将家长培训、阶段性家长会和节假日亲子实践活动、班级特色活动结合起来，让家长有机会参与到"梦想班级"特色活动中，见证并助力孩子成长。

第二节　梦想班级集体建设的价值

梦想班级集体建设是汇聚了师生梦想的一种巨大的教育力量，对班级和个人成长以及推动学校不断发展有着重要作用，具有育人价值、文化价值和社会价值。

马卡连柯认为集体建设是教育的基础、手段、对象和目的。梦想班级集体建设是以师生的共同目标作为梦想的基础，将立德树人理念融入到班集体建设中，对于班集体每个成员都有约束、感染、教育、同化和激励的作用，是建立起一个优秀的梦想班集体的重要手段。班级成员同是教育对象，大家共同参与、经历，形成梦想班级师生的价值认同，最后实现班级和个人朝着梦想不断成长的目的。通过梦想班集体建设，促进学校形成健康积极的班风、踏实的学风和校风建设，营造有梦想、有追求、有实践的良好校园文化氛围，增强学生自觉观念，进而促进教育教学，提高教育效果，提升教学质量，促进学校办学水平。

一、育人价值

梦想班级在育人方面突出价值的实现是通过集体建设、集体教育实现的。梦想班级是以班集体为单位，对学生全面落实德、智、体、美、劳"五育"融合教育的最基层组织，对班级成员具有潜移默化的教育功能。梦想班级集体建设的价值首先体现在育人价值上。育人，即培育德、智、体、美、劳全面发展的社会主义建设者和接班人。

（一）梦想班级集体建设的德育功能

梦想班级集体建设，对班级学生具有爱国主义教育、理想教育、集体主义教育、劳动教育等德育功能。在开展班级德育工作时，教师要注重以梦想班级集体建设作为载体，以"爱"为纽带，使德育工作得到有效的渗透，从而对学生道德品质产生积极的影响，突出德育的整体性。

以班级学生共同梦想为导向，将德育渗透到班级日常管理和生活各个方面，充分发挥梦想班集体的环境育人作用，有助于营造一种健康向上的班级教育氛围，树立良好的班风学风，增加班级凝聚力，有助于班级学生实现对未来班级和自身发展的向往与追求，树立班级学生形成一致的、正确的世界观、人生观和价值观。

创设良好的班集体，对德育工作的有效实施，对全面提高学生素质、陶冶学生情操、培养全面发展的人才，都具有举足轻重的地位和作用。梦想班级集体建设的德育功能，对班级学生的价值观会产生积极、正向的影响。尤其是针对班级后进生问题，营造一个良好的班集体，教师注重发挥德育功能，对后进生会产生积极、正向的影响，使后进生认识到努力的重要性，否则将拖班级后腿，从而更加主动地参与到班级活动中，以促进学生更好地发展与进步。

（二）梦想班级集体建设的智育功能

梦想班级集体建设，对班级学生的知识学习、思维训练、语言表达和实践经验等方面有着智育功能。每个学生朝着既定的梦想目标努力学习，有助于调动班级学生学习的积极性，营造自主学习、积极竞争、和谐互助的学习氛围，有助于掌握文化、科学、技术等各个方面的知识。梦想班级学生通过各个领域的学习，拓宽视野，增长综合素质，提升逻辑思维、创造性思维、批判性思维等思维能力；通过与他人交流，丰富语言表达能力；通过参与班级社会实践、志愿服务等活动，提高个人的综合素质，增加社会经验和人际经验，从而更好地适应未来的发展。

（三）梦想班级集体建设的体育功能

梦想班级集体建设，对班级学生有增强体质、提高运动能力、改善生活方式、提高生活质量等体育功能。梦想班级集体建设中少不了体育赛事和体育活动。利用好这些班级活动的契机，既能够激励班级学生遵循生长发育、培养运动技能，又能够有效地以体育促进学生身心健康成长，增强学生勇于面对挑战的自信心，培养人人参与的班级集体荣誉感和团队合作精神。

（四）梦想班级集体建设的美育功能

梦想班级集体建设，对班级学生具有潜移默化的美育功能。在美化班级环境、建设班级文化过程中，能够培养学生正确、健康的审美观，发展学生鉴赏美和创造美的能力，提高学生的创新精神和实践能力，促进班级学生之间的合作与交流，陶冶审美情操，提升学生综合素养。

（五）梦想班级集体建设的劳育功能

劳动创造梦想班级，劳动创造美好生活。梦想班级集体建设，离不开班级学生的合作劳动，通过班级集体建设劳动，激发起班级学生为建设集体而自觉劳动的热情，树立起劳动自信心，形成班级学生劳动归属感，对班级学生具有一定的劳育功能。

在梦想班级集体建设中，"五育"融合，相辅相成，全面作用于班级成员，以集体凝聚力形成自我约束、自我激励，同时彼此作用，发挥全面育人价值。

二、文化价值

梦想班级集体建设的核心价值是文化价值。积极的文化价值能够深刻影响、感染着班级每一位学生，使他们深受鼓舞，成为点亮学生梦想的火炬，又反作用于整个班级，引领全班不断朝着班级梦想而不断发展。不同班级，因为班集体成员目标不同、追求方向不同，形成的班级文化也各不相同，呈现出多样化的价值取向。

（一）增强班级凝聚力

首先，梦想班级的文化价值应实现班级师生价值认同。"价值认同是一个由内到外、由认知到情感，再由情感到行为的连续肯定其观点的过程。"学生需要在认知层面实现完全认同，达到"内化于心"，在行为层面自觉践行，落实"外化于行"，只有这样才能实现真正的班级文化价值认同。例如，班规制定时，就不能是教师或班委的一言堂，只有师生全员参与，共同探讨，去异求同，才能实现价值取向的一致性。另外，要注重对班级学生进行感化教育。

其次，梦想班级的文化价值不是抽象的，而是具体的，需要在班级生活实践中，指导学生感悟其文化价值。"只有当行为给学生带来真实感，激励着学生在他的心灵留下愉快的情感时，知识才会转变为信念。"如在学校活动中为了展示班级风采，班级有独特的班级口号或班级宣言，能够让学生在齐喊口号的同时，点燃班级荣誉感，升腾为班级争光的自信心，将梦想班级的文化价值落实到生活实践中，这样的班级价值认同才真正具有意义。因而，在平时的教育过程中，教师要积极开展践行班集体核心价值的实践活动。

通过梦想班级集体建设，塑造班级共同的价值观念、行为准则和道德标准，形成班级特有的文化，增强班级成员的归属感和认同感，从而提高班级的凝聚力，也让班级文化熠熠生辉，富有生命力。

（二）培养班级良好学风

梦想班级集体建设有助于营造师生和谐、民主、平等的班级氛围，在良好的班级学习环境中，激发学生学习动力，促进学生全面发展，提高班级学习积极性和竞争力，提高班级学生综合素质，增强班级学生学习自信。

要想培养梦想班级良好学风，首先，要明确班级学生共同的学习目标，为了保障达成学习目标，制定共同遵守的学习要求，包括学习态度、学习纪律、学习方法、学习精神、学习监督制度等，从而保障班级主流建立起积极向上的学习环境。其次，通过组建学习小组、组织小组交流、小组评比等方式，形成组内互帮互助、小组之间公平竞争，设立小组竞争奖惩机制，促进班级成员积极好学的学习氛围。同时，注意培优补差，对小组、个人学习情况进行动态评价，引导学生养成良好的学习习惯，包括制订学习计划、合理安排时间、总结好的学习方法等，激励学生"让优秀成为一种习惯""让进步成为迈向成功的阶梯"。最后，建立家校合作机制，与家长保持密切联系，做好班级学生学习情况反馈，家校合作，共同关注学生的成长和发展，培养班级良好学风。

（三）形成班级文化特色

当梦想班级文化成为学校里独特的一面旗帜，呈现出与众不同的风格时，班级便散发出独特的文化魅力，这样的班级里每一位成员都会以班级为骄傲，彰显出更高的班级文化自信，从而激励学生"为更好的班级""做更好的自己"，最终实现梦想班级可持续发展的特色文化价值。

要想让梦想班级建设形成班级文化特色，要注意以下几个方面。

1.班级活动全员参与，一个也不能少。只有参与，才有体验，才有班级成员的参与感和归属感，才有"班荣我荣，班耻我耻"的责任感。

2.学校活动全力以赴，做好全面准备。只有充分准备，认真对待，才能有争取成功的机会，才能有取得成功并获得班级荣誉后的喜悦感和幸福感。

3.总结班级自信，宣传班级文化特色。在总结中发现班级成员共同努力下取得的成绩，发现班级成绩与个人努力的关系，树立班级形象，建立班级骄傲。

如果形成梦想班级文化特色，会给班级全体成员以莫大激励，从而更加坚定梦想班级文化价值，肯定师生为了实现班级梦想所做的努力，从而坚持不断发扬与传承梦想班级文化。

（四）提升学校整体形象

班级文化建设作为学校文化建设重要的组成部分，营造学校梦想班级特色文化有助于提升学校的整体形象。

当梦想班级形成特色，典型班级就具有了品牌效应。优秀的梦想班级形成特色，在年级、学校，甚至校外、社会，逐渐成为典型，形成正面舆论，扩大其社会影响力，成为学校的一个重要标识。同时，以典型的梦想班级为榜样，在校内就具有了一定的示范引领作用，会带动其他班级不断发展，激励其他班级学生不懈追求。当多个梦想班级形成特色，就会推动学校全面发展，也会促进学校文化特色形成，提升学校的知名度和影响力。

关于提升学校整体形象，有以下几点建议。

1. 优化学校环境

学校要保持校园环境整洁、美观，完善校园设施，营造舒适、宜人的学习环境。可以加强绿化、美化和文化建设，打造具有学校文化特色的校园景观，提升学校的整体形象。

2. 提升教学质量

教学质量是学校的生命线，教师队伍是提升教学质量的主力军。学校应注重教师队伍建设，提高教师的教学水平，加强课程建设和教学管理，提高学生的学习成绩和综合素质，从而提高学校的声誉和形象。

3. 加强师生形象管理

师生形象是学校形象的重要组成部分。学校应该注重师生的形象管理，要求师生着装得体、言谈举止文明有礼、待人接物得体大方，树立学校的良好形象。

4. 开展特色活动

学校可以以梦想班级为单位组织开展各类特色活动，如文化节、艺术节、体育比赛、文艺演出等，展示学校的特色和优势，提高学校的知名度和美誉度。

5. 加强宣传推广

学校应该加强宣传推广，通过多种渠道宣传学校的办学理念、特色和成果，包括梦想班级典型推广，提高学校的社会认可度和影响力。可以通过校园网站、微信公众号、宣传册等方式进行宣传推广。

总之，提升学校整体形象需要全体师生的共同努力和合作，从多方面入手，注重细节，持之以恒地推进。

三、社会价值

一个班级就是一个微型的社会，是学生步入社会前最好的实习基地。梦想班级集体建设，对于班级每个学生来讲都有其重要的社会价值，具体表现在以下几个方面。

（一）培养社会公民素质

每个学生都是班集体中的一员，学生的发展与集体的发展紧密相连。在一个班风纯正的班集体中，学生会感受到来自集体的关爱、温暖与尊重，体会到从集体生活中获得的知识、能力和情感。在梦想班级集体建设过程中，学生的集体意识、团队荣誉感会得到大大的强化。建设梦想班级，可以培养学生的责任感、尊重他人、团队合作等社会公民素质。

（二）培养社会交往能力

在校园生活中，班集体是学生学习、活动的主要场所。在班级集体活动中，学生之间的互动交往，能够让学生积累一定的集体生活经验，学会师生之间、生生之间的沟通、交往与合作，能够逐步增强学生对社会环境的适应能力。

梦想班集体建设对于培养学生的社会交往能力具有重要作用，以下是一些具体的体现。

1. 增强团队合作意识

在梦想班集体中，学生需要学会与他人合作完成共同的目标。这样的经历可以帮助学生更好地理解团队协作的重要性，并学会在团队中发挥自己的作用。

2. 提高沟通交流能力

在梦想班集体中，学生需要经常与同学、老师进行交流。这种日常的沟通可以锻炼学生的表达能力，学会更好地理解他人，并更加清晰地表达自己的观点。

3. 培养领导和被领导的能力

在梦想班集体中，每个学生都会担任不同的管理角色，如负责浇花的"花长"、负责开关灯的"灯长"、负责拉窗帘的"帘长"等。这样的经历可以帮助学生为了集体利益做好分内的一件小事，"人人有事管，人人能管人"，在角色体验中，体验领导和被领导的感觉，并且学会承担责任，并在适当的时候发挥自己的影响力。

4. 处理人际关系

在梦想班集体中，学生可能会遇到各种不同的人际关系问题，如冲突、误解等。解决这些问题可以帮助学生更好地处理人际关系，学会宽容、理解他人，并建立更加健康的人际关系。

5. 增加社会认知

通过梦想班级集体活动，学生可以更加深入地了解社会，了解社会是由来自各个地方不同背景和文化的人共同组成的，每个人的想法不同、习惯不同、理解不同，要学会尊重他人、理解他人、包容他人，从而增强社会认知能力。

总的来说，梦想班级集体建设可以为学生提供一个模拟社会的环境，让他们在生活实践中学习和提高自己的社会交往能力。这种能力的培养对学生未来的发展具有重要的意义。

（三）传递正确的社会价值观

在梦想班级集体建设过程中融入社会主流价值观，通过班级活动和日常行为规范学生，逐步培养学生树立正确的社会价值观。班级成员自主管理、自主教育、自我发展，同时，潜移默化地影响着班级同学。同龄人的榜样作用更容易为学生所接受，因此彼此传递正确的社会价值观。班集体中每个成员都是集体的教育对象，又都在教育和影响着集体。在这样的梦想班级中，有助于班级成员建立起正确的社会价值观。

梦想班级集体建设在传递学生正确的社会价值观方面，具体包括以下几个方面。

1. 培养尊重和包容的态度

在班集体中，学生需要学会尊重他人的观点、信仰和背景。通过交流和互动，学生可以更好地理解每个人都有自己的独特之处，学会接纳和尊重他人的差异。

2. 树立积极的人生观和价值观

班集体活动可以帮助学生树立正确的价值观，如诚实、勤奋、友善和责任等。通过集体的力量，学生可以更加深入地理解这些价值观的内涵，并在日常生活中以实际行动来践行自己的理解，做到"知行合一"。

3. 弘扬社会主义核心价值观

在梦想班级集体建设中，教师可以结合社会主义核心价值观，引导学生树立正确的社会观念。例如，通过集体活动让学生理解"爱国"的含义，培养他们的民族自豪感和家国意识。

4. 培养社会责任感

班集体可以组织各种公益活动，让学生参与到社会服务中。通过这样的经历，学生可以更好地理解社会责任的内涵，学会为社会作出贡献。

5. 倡导正确的道德观念

在班集体中，教师可以结合实际案例，引导学生树立正确的道德观念。例如，教育学生诚实守信、尊重他人劳动成果、遵守社会公德等。

综上所述，在梦想班级集体建设过程中，通过集体的力量和教师的引导，帮助学生树立正确的社会观念，培养良好的道德品质和社会责任感，传递学生正确的社会价值观。这些对于学生未来的成长和发展具有重要的意义。

第三节　梦想班级集体建设的作用

建设一个符合师生共同梦想的班集体，对于班级里每个学生都有强大的教育功能。所以，建设一个优秀的梦想班级尤为重要。在新课程改革的形势下，有效地发挥梦想班级在学校教育管理中的作用，有助于班级学生朝着共同的方向努力，实现教育目标。

梦想班级是德育最基本的载体，是班级学生健康成长的乐园。梦想班级集体建设具有集体育人功能，教会学生树立正确的价值观，变他律为自律；正确处理个人与集体的关系，调适个人行为与集体目标的偏差，从而实现学生的自主管理；让班级学生在班集体中学会学习、学会做人、学会合作。

一、提升学生内驱力

真正的教育是点燃，是唤醒，是形成学生内心向好的自觉。"内心向好的自觉"就是内驱力。一个优秀的满足师生共同梦想的班级，能够唤醒班级学生的内心自觉，不断提升学生内驱力。

（一）提升内驱力的意义

良好的班风往往在很大程度上会影响并约束全体学生的思想行为，对班级里行为有偏差的学生产生无形的压力。"久熏幽兰人自香"，在良好学风的熏陶下，行为有偏差的学生会自觉产生失败感和孤立感，从而不自觉地放弃原有的不良学习态度，形成与集体保持一致的自觉性和主动性，形成自我向善、向学、向好的原动力。马卡连柯说："教育了集体，团结了集体，加强了集体，以后集体自身就能成为很大的教育力量了。"可见优秀的班集体所拥有的强大的教育功能，这种无形的同化力、约束力作用于集体中的每一个学生。如果梦想班级集体中的每个学生都有集体归属感，都能感到自己属于这个班集体，"班荣我荣，班耻我耻"，那么班集体就会成为一种强大的教育力量。"一个也不能少"，每一个成员都属于这个集体，这种教育力量往往能督促学生自省、自律，这种"不抛弃、不放弃任何一个人"的集体力量，比教师、家长个人教育的力量大得多。

（二）如何提升学生的内驱力

内驱力是学生内在的动机和动力，它推动学生积极主动地学习和发展。在梦想班级集体建设中，可以通过以下几个方面来提升学生的内驱力。

1. 建立良好的班级氛围

一个积极向上、和谐融洽的班级氛围能够让学生感到舒适和安全，从而更好地发挥自己的潜力和创造力。在这样的班级氛围中，学生更愿意积极参与集体活动，主动与同学交流合作，从而增强自己的自信心和成就感。

2. 培养学生的自我管理能力

在班集体建设中，教师可以通过引导学生制定合理的目标和计划，培养他们的自我管理能力。学生有了明确的目标和计划，就能够更好地规划自己的学习和生活，提高自己的学习效率和质量，从而增强自己的内驱力。

3.激发学生的兴趣和热情

兴趣是最好的老师。在班集体建设中，教师可以根据学生的兴趣和特点，设计丰富多彩的活动，激发学生的兴趣和热情。学生有了对学习的兴趣和热情，就能够更加积极主动地投入到学习中去，从而提升自己的内驱力。

4.提高学生的自我价值感

在班集体建设中，教师可以通过肯定和鼓励学生的表现和成果，提高学生的自我价值感。学生的自我价值感越高，他们就越有自信和动力去追求更高的目标，从而提升自己的内驱力。

提升学生内驱力有助于学生更好地发挥自己的潜力，提高学习效率和质量，为未来的发展打下坚实的基础。

二、锻炼管理能力

管理能力是在特定的组织或集体中，具有较高的判断决策能力，能够组织、分配、监督、指导更多成员共同完成某项工作的综合领导能力。

（一）锻炼管理能力的意义

1.培养学生的领导能力

通过担任班级干部或参与班级管理活动，学生可以锻炼自己的领导能力。他们需要学会如何制订计划、组织活动、协调资源，并有效地管理和激励团队成员。这种锻炼有助于学生在未来的学习和工作中更好地担任领导角色。

2. 学生的组织协调能力

班级管理涉及各种活动的组织和协调，如策划班会、组织文体活动等。通过参与这些活动，学生可以学习如何安排时间、分配任务、调整计划，从而提升自己的组织协调能力。这对于他们未来的学习和工作都很有帮助。

3. 提高培养学生的责任心和担当精神

班级管理需要学生承担一定的责任和义务，为班级的发展和进步贡献自己的力量。在这个过程中，学生可以培养自己的责任心和担当精神，学会对自己的行为负责，同时也能增强班级的凝聚力和向心力。

4. 促进学生的个人成长和发展

通过参与班级管理，学生可以锻炼自己的沟通技巧、解决问题的能力、创新思维等，促进个人成长和发展。同时，这种锻炼也可以帮助学生培养自信心和积极的心态，更好地应对生活中的挑战和困难。

在班级中锻炼学生的管理能力有助于培养学生的领导能力、团队协作能力、组织协调能力、责任心和担当精神，促进学生成长和发展。这种锻炼的经历会为学生未来的学习和工作打下坚实的基础。

（二）如何提升锻炼学生的管理能力

人人参与的梦想班级集体建设有助于锻炼每个学生的管理能力。在班级中，学生可以通过不同的途径和角色来锻炼自己的管理能力，以下是一些具体的方式。

1. 班委轮换制

通过定期轮换班委成员，让更多的学生有机会参与到班级管理中来。担任班委可以锻炼学生的组织能力、协调能力和领导能力，同时也能增强他们的责任感和集体荣誉感。

2. 班级活动策划

鼓励学生参与班级活动的策划和组织，如文艺汇演、运动会等。在活动策划过程中，学生需要思考如何协调资源、安排时间、制订计划等，这有助于提高他们的计划能力和执行力。

3. 班级决策参与

引导学生参与班级决策，让他们发表意见和建议。参与决策可以培养学生的民主意识和参与精神，同时也能锻炼他们的分析和判断能力。

综上所述，班集体建设为学生提供了多种形式的锻炼管理能力的机会，提升了学生的组织能力、协调能力和领导能力。

三、提高合作能力

合作能力是指工作、事业中所需要的协调、协作能力。新课程教育趋势研究表明，学会合作是新一代的必备行为特征。因此，在学校教育中，我们要教会学生学会合作，克服以自我为中心的行为方式，养成善于交流合作的品质。梦想班级集体建设为提高学生合作能力提供了活动的契机。

（一）提高合作能力的意义

班级管理往往需要学生之间密切合作，共同完成任务。在这个过程中，学生可以学习如何分工合作、解决冲突、促进团队沟通，从而增强自己的团队协作能力。这对于他们未来的职业生涯和人际关系都非常重要。著名的心理学家皮亚杰、多伊奇等通过研究发现，当人们在彼此交往、互相合作、互相鼓励共同完成某项任务时，每个成员都会最大程度感受到自我存在感和在集体中被认可的成就感，体验到合作的价值。可见，合作可以通过同伴互助加速学生个体在认知和道德品质方面的发展。提高合作能力的意义包括：

1. 提高学习效果

合作学习的过程中，学生可以互相帮助、互相学习，拓宽知识面，提升技能，提高解题能力和分析能力。通过合作学习，学生可以取长补短，加深对知识的理解，从而提高学习效率。

2. 增强沟通与协作能力

在团队中，学生需要互相倾听、表达自己的观点，并与其他成员进行有效的协商和协作。通过这样的过程，学生可以提高自己的沟通、表达和解决冲突的能力，培养团队合作精神。

3. 培养独立思考和互帮互助的习惯

在合作学习中，学生需要独立思考并表达自己的观点，同时也要学会倾听他人的意见。此外，通过互帮互助，学生可以学会关心和帮助他人，培养良好的道德品质。

4.促进班级团结和凝聚力

在班级中，每个学生都有自己的特点和优势，通过合作学习，学生可以更好地认识自己和他人，增强班级的团结和凝聚力。班级的凝聚力强，有利于形成良好的班风和学风。

在班级中，培养学生合作能力的好处是显而易见的，既能够提高学生个体的综合素质和能力，又能够有效地促进班级成员之间的凝聚力，为学生未来发展奠定坚实的基础。

（二）如何提高学生的合作能力

在梦想班级集体建设过程中，学生可以参与到各种形式的合作活动中，从而锻炼和提高自己的合作能力。提高学生合作能力的具体方式包括：

1.小组合作学习

在班集体中，学生按照异质被分成若干小组，每个小组内的成员需要共同完成一些学习任务或项目。通过小组合作学习，学生可以学习如何有效地分工合作，提高团队协作能力，同时也能培养他们的沟通技巧和解决问题的能力。

2.集体活动参与

在班集体中，鼓励学生参与班级的各种集体活动，如文艺汇演、运动会、社会实践等。在集体活动中，学生需要与同学协作，共同完成任务或目标。这有助于培养学生的合作精神和集体荣誉感，提高他们的合作能力。

3. 角色扮演游戏

在班集体中，通过组织角色扮演游戏，让学生扮演不同的角色，体验合作的重要性。在游戏中，学生需要与同伴协调配合，共同完成任务或目标。这种方式可以增强学生的合作意识，提高他们的合作能力。

4. 班级决策参与

在班集体中，引导学生参与班级决策，让他们发表意见和建议。参与决策可以培养学生的民主意识和参与精神，同时也能锻炼他们的分析和判断能力。在决策过程中，学生需要与同学交流、协商、达成共识，这也有助于提高他们的合作能力。

5. 志愿服务与公益活动

在班集体中，鼓励学生参与志愿服务和公益活动，如环境保护、扶贫帮困、尊老孝老、职业体验等。在志愿服务和公益活动中，学生需要与同伴协作，共同完成任务或目标。这不仅可以锻炼学生的合作能力，还能培养他们的社会责任感和公益意识。

综上所述，梦想班级集体建设为学生提供了多种形式的合作机会。通过参与小组合作学习、集体活动、角色扮演游戏、班级决策和志愿服务与公益活动等，学生能够锻炼和提高自己的合作能力，有助于未来的学习和工作中更好地与他人协作，实现共同的目标。

第二章

班集体建设，德育模式的构建创生

　　班集体是校内组织的基本形式，也是学生成长的重要人文环境。梦想班级德育模式，旨在建设积极向上的班集体，发挥学生的主体作用，提高班级的凝聚力，从而促进教育教学目标的实现。

第一节　梦想班级德育模式的设计

一、梦想班级德育模式的含义

　　德育模式是典型化、示范性、可操作性的德育实施体系，具体指在德育实施过程中，表现为道德与德育理论、德育内容、德育手段、德育方法、德育途径的某种组合方式。优越的德育模式，是班集体建设的有力支架，从精神层面到成长实践，都能够起到潜移默化的教育作用。

梦想班级德育模式是以缔造"梦想班级"为载体，积极营造"梦想班级"特色文化，健全中小学生班级自治管理制度，建立兼顾学生全面发展与个性发展的综合评价体系。通过学校、家庭和社会共同搭建的德育平台，开展"梦想班级"特色德育活动，充分发挥"梦想班级"德育模式在学校德育落实中的实效性和长效性。

梦想班级德育模式以"梦想"为核心，以班级为单位，构筑班级师生的共同奋斗梦想。这个奋斗梦想是班级教育工作的育人目标与学生个体成长目标的有机结合，教师与学生以此为指引，创造特有的班级文化，共同遵守班级管理标准，在丰富多彩的活动中，知行合一，努力朝着正确的方向、明确的目标携手奋进，不断进步，超越自己。梦想班级德育模式教育过程可以简单概括为"筑梦—逐梦—圆梦"。

二、梦想班级德育模式的内容

梦想班级德育模式有着十分丰富而多元的德育内容，整体来看，包括理想信念教育、社会主义核心价值观教育、中华优秀传统文化教育、生态文明教育和心理健康教育等方面，是一个"内涵有深度，外延有广度"的德育模式。具体来看，可以从以下几个方面来概括说明其具体内容。

（一）梦想班级的文化建设

班级文化是校园文化建设及促进学生全面发展不可或缺的重要组成

部分。班级文化的根本是班级集体认同的精神文化。这种精神文化能够促进学生身心成长。因此，建设班级文化就是要建立这种涵养学生心灵的精神文化，而形成班级精神文化的过程就是班级文化认同的过程。梦想班级德育模式下的班级文化建设包括：确定班名，明确班级文化价值；设计班级名片，完善班级文化内涵；选编班歌，唱响班级文化精神；创设特色环境，营造班级育人氛围；等等。

（二）梦想班级的管理制度

自主管理是最能激发学生内在潜能，唤醒自我发展的教育管理方式。因此，梦想班级的德育模式需要大力推行学生自主管理。建立健全班级自治管理制度，是让全校学生参与自主管理、提升自主管理能力的基础与关键。

梦想班级德育模式下的班级管理制度包括：制定班规，发扬平等原则；定岗定责，体现主体意识；细化班规制度，促进自律自省；等等。

（三）梦想班级的特色活动

德育的过程不只是知识的教与学，而是多维度的浸润、学习和实践。因此，活动是德育的有效支架。梦想班级德育模式中的特色活动包括：育德、育心的系列活动，如以"感恩之心"为核心的节日文化系列活动等；有鲜明主题和德育指向的主题德育活动，如"与精神偶像相约"主题班会拉练等；体现"五育"融合与德育内容融合的综合德育活动，如传统文化展演等；整合学科教学育人中的德育元素，进行跨学科德育活动，如跨学科综合实践文化活动等。当然，梦想班级的特色活动还体现在日常活动中，主要表现为依据德育目标，设定德育主题，有序运行和开展特色班级、共青团、少先队活动，如日常微班会、升旗励志课程、礼仪大讲堂等。

（四）梦想班级的评价体系

管理如果缺乏评价，就会失去公平和管理的长效机制。因此，班级要想朝着梦想快速发展，必须对学生有客观准确的评价。梦想班级德育模式将班级评价体系的建立纳入针对班主任工作和班级评比考核中，建立了优秀班主任、优秀班集体评选方案。学校鼓励各个班级根据各自班级的实际情况实行自己的评价机制，同时班级评价结果也可以作为学校推优的依据，如推荐为区优秀学生、校优秀学生、校少先队员等。这种评价机制既客观公正又具有开放性，真正起到了激发学生内在成长动力的作用。梦想班级德育模式下的评价体系具有多样性评价内容、多主体评价方式、多元化评价方式。

三、梦想班级德育模式的意义

梦想班级德育模式的实施，重在构建班级特色文化，凝聚班级精神力量，是对落实"立德树人教育"根本任务的积极探索和生动实践。就实施过程来看，梦想班级是动态化的形成过程，各班级应在理论指导下实践，在实践工作中调整，在动态发展中总结，最终使得全校所有班级逐步营造出梦想班级特色文化，健全班级自治管理制度，建立班级师生公认的评价体系，"家校共育"开展起梦想班级特色活动，形成"百花齐放"的自主管理德育特色。具体来看，意义如下：

（一）扎实落实中小学德育工作目标

教育部制定的指导我国中小学德育工作的规范性文件《中小学德育工作指南》中的德育总体目标指出：培养学生爱党、爱国、爱人民，增强国家意识和社会责任意识，教育学生理解、认同和拥护国家政治制度，了解中华优秀传统文化和革命文化、社会主义先进文化，增强中国特色社会主义道路自信、理论自信、制度自信、文化自信，引导学生准确理解和把握社会主义核心价值观的深刻内涵和实践要求，养成良好政治素质、道德品质、法治意识和行为习惯，形成积极健康的人格和良好的心理品质，促进学生核心素养提升和全面发展，为学生一生成长奠定坚实的思想基础。

梦想班级德育模式注重对学生成长过程中精神层面的滋养，厚植家国情怀，教育学生树立正确的人生观、世界观和价值观，培养良好的人生态度和成长品质，以精神力量引导实践行为，知行合一地完成德育目标。

（二）多元培养学生核心素养

学生发展核心素养，主要指学生应具备的，能够适应终身发展和社会发展需要的必备品格和关键能力。中国学生发展核心素养以科学性、时代性和民族性为基本原则，以培养"全面发展的人"为核心，分为文化基础、自主发展、社会参与三个方面。综合表现为人文底蕴、科学精神、学会学习、健康生活、责任担当、实践创新六大素养，具体细化为十八个基本要点：人文积淀、人文情怀、审美情趣、理性思维、批判质疑、勇于探究、乐学善学、勤于反思、信息意识、珍爱生命、健全人格、自我管理、社会责任、国家认同、国际理解、劳动意识、问题解决、技术运用。中国学生发展核心素养不应只是字面上的表述，更应该在学生成长的过程中扎实落实。其落实途径主要有三个方面：一是通过课程改革落实核心素养，二是通过教育实践落实核心素养，三是通过教育评价落实核心素养。

梦想班级德育模式中文化建设相关的内容注重对学生文化底蕴的培养，助力学生构建高格的理想世界，强化其精神力量。而梦想班级的特色活动不仅是一个个独立的德育活动，而且是学校育人体系中的若干德育课程，活动课程化使活动成体系、有章法，课程活动化使课程更灵动、更丰富。如果说文化建设和特色活动是梦想班级德育模式的血肉，那么管理制度则是其有力的支撑骨架。充分发挥学生主观能动性的管理模式是学生综合成长和自主发展的优越途径。德育过程最终的呈现结果不是无形的，而是可通过家校共育的个性化评价方式，多角度、有层次地展现出来。这些都是通过学校综合多元的课程改革、教育实践、教育评价来培养学生多种核心素养的德育过程。可以说，梦想班级德育模式是一个多元培养学生核心素养的教育体系。

（三）有力推进学校文化建设

《中小学德育工作指南》对文化育人工作提出了具体要求：要依据学校办学理念，结合文明校园创建活动，因地制宜开展校园文化建设，使校园秩序良好、环境优美，校园文化积极向上、格调高雅，提高校园文明水平，让校园处处成为育人场所。

梦想班级德育模式以学校文化为中心，在不同年级构建主题式特色年级文化。在此基础上，又在各个班级构建个性化的班级文化。这样既有共同文化作为核心指引，又有各班级文化散播独特的魅力，使得学校文化在不同年级、不同班级得到不同的延伸，仿佛一个璀璨的星系，群星各自闪耀，又汇聚成一个夺目的整体。

（四）有效构建德育工作框架

德育是一项极其复杂和细致的工作，我国指导德育工作顺利并有效地开展的原则中有一条是"教育的一致性和连贯性原则"。这一原则表明，德育力量不应是单一的、割裂的，而是要将德育过程中各种教育力量连接起来，凝心聚力，密切配合，协调一致，通过教育力量的协同，实现最好的德育效果。这样的教育影响既是统一的，也是系统且连贯的。

梦想班级德育模式积极贯彻这一原则，在学校层面，以学校文化为核心，做到各种教育影响的一致性。同时，注意发挥学校教育的主导作用，在德育课程和德育活动中，积极引入家庭、社会的教育资源和教育力量，在德育的视域下，搭建了"家校社"协同育人平台，充分、有效地将学校、家庭和社会三方对学生的德育影响配合起来，形成强大的教育合力。此外，梦想班级德育模式有其精心设计的内容和成体系的实施途径，便于加强学校德育的计划性和连贯性。在此框架下，德育工作能够有序、有效地展开，在学校德育工作中，有系统的可借鉴经验。

第二节　梦想班级德育模式的使用

任何一种德育模式，都不应是纸上谈兵，只有积极探索，总结反馈，提炼方法，形成模式，便于实践，才能成为有活力、有益的教育经验。梦想班级德育模式的使用，是从多年的德育研究和实践中探索出来的，具有灵活使用、广泛推广的实际意义。

一、梦想班级德育模式的使用方法

（一）营造班级特色文化，为梦想导航

1.确定班名，明确班级文化价值

在学校文化的引领下，各班级创设班级特色文化。为使德育工作具有一致性和连贯性，班级文化可以有鲜明的年级特点，年级组统一本年级班级文化的主题，在这一主题下，师生共同研讨、商榷，自主选择相关领域的杰出人物作为班级的精神偶像，并以精神偶像作为班名。这些班名确定后，不再改变，会一直陪伴着学生的小学生涯和中学生涯。以班级共同的精神偶像为班级命名，实际上是将班级师生共同认同的人格魅力、优秀品质、精神力量等抽象的内容具象化，形成班级特定的精神符号，这一精神符号能够增强学生对班级文化的认同感和归属感。可以说，这一精神偶像既是班级精神的象征，是学生梦想的引路人，也是师生共同成长的学习榜样。精神偶像的设立，无疑激发了师生个体的成长

动力，同时聚合起了班级的凝聚力。

2. 设计班级名片，完善班级文化内涵

班级文化在精神层面涵养班级的教师和每一个学生，将抽象的文化变得具体可感就是一项必要且重要的工作。一个好的方法是设计班级名片。为了校园文化整体协调，学校可以统一设计班级名片的呈现形式，如班级海报、九宫格相框等。名片中应有学校统一规定的内容，包括班级精神偶像的内涵、班训、班级宣言、班级合影等；也可以有自定义内容，如班徽、班歌、精神偶像照片、每月班级明星等。每个班级师生通过认真提炼班级名片，让班级文化更加凝练、纯粹，使之在班级中具有目标导向性和驱动性。通过全班学习班级名片，设计、调整和完善班级名片的过程，让学生感受到来自集体的要求与期待。它既彰显出班级文化内涵，引领着班级师生的共同梦想，又提醒着学生的共同责任与义务，形成积极向上的班级环境。比如，达尔文班的班训就是"适者生存"，在这一思想的指导下，达尔文班积极倡导培养学生对学习、生活、社会的适应能力。

3. 选编班歌，唱响班级文化精神

班歌是班级建设的重要内容，是振奋班级文化精神的一种灵活的、艺术的表现方式。在学校大型活动中，在公众场合，全班学生合唱班歌，能够快速鼓舞班级士气。嘹亮的班歌无形中既增强着班级的凝聚力、向心力，又能激发学生的自豪感、进取心。因此，每个班级都应选择适合班级风貌的歌曲作为班歌。班歌确定以后，可以通过多种形式演唱，比如每天课前两分钟、学校大型活动、班歌比赛、升旗仪式班级班歌展示等，让学生常常有机会唱响班歌，学校里班班有歌声，振奋班级精神，昂扬班级风采。

4. 创设特色环境，营造班级育人氛围

苏霍姆林斯基说过："只有创造一个教育人的环境，教育才能收到预期的效果。"对于每一个孩子来说，其所在的班级就是人生中某个阶段的另一个家，孩子们长年累月生活在班级里，班级的环境必然会对孩子有所影响。这种无形中的影响，就是环境在发挥育人的作用。因此，我们往往能够透过班级的环境，感知班级的精神风貌。那么，为了营造良好的育人氛围，发挥环境育人更积极的作用，师生更应该重视班级环境的作用，积极创设和优化班级环境。正所谓"一班一世界"，班级文化不同，班级的环境氛围自然也富有个性。班主任应引导班级的学生，结合班风，一同设计班级的物化环境，班级的每一面墙、每一个角落、每一件物品经过精心的设计都可以呈现出班级文化的内涵，发挥积极的德育作用。

（二）健全班级自治管理制度，为梦想奠基

苏格拉底说："教育不是灌输而是点燃，一万次的灌输，不如一次真正的唤醒。"自主管理是最能激发学生内在潜能，唤醒自我发展的教育管理方式，因此，学校应积极推行学生自主管理。建立健全班级自治管理制度，是让全校学生参与自主管理、提升自主管理能力的基础与关键。

1. 制定班规，发扬平等原则

班级不能成为教师的一言堂，应该是每个学生的班级，这就要给每个学生发言的机会，发扬平等原则，参与管理，制定人人遵守的班规。

各班要制定有班级特色的班规——班级公约。由学生提出有利于班级整体发展，针对本班存在的问题的班规。民主讨论，以全班表决的方式对所有学生推荐的班规进行取舍和调整，形成人人同意的班规。针对中小学生的特点，班规不应过于空洞、宽泛，而应该更标准、更具体，有明确的职责，同时还必须有较强的操作性。一经全班认可后，就用自己制定的规定来约束自己，实现自我管理，从而实现约束、规范自己的言行。当然，认为班规不合理时，可以在班会上当众提出修改意见，民主讨论进行修订。

2. 定岗定责，体现主体意识

在实施班级自治管理过程中，班主任要充分发挥每名学生的潜能，调动每一名学生的主体参与意识，人人参与岗位分工及要求的制定，以明确岗位职责，形成"班级人人有事做，班级事事有人做"的氛围，从小事培养学生的责任心。就是通过班级岗位建设，在学生参与班级事务承担过程中提升其领导力，促进学生在多种角色体验、多元人际交往中获得个人发展。班级可以根据本班情况进行个性定岗。经学生讨论，确定各岗位明确职责。每一个岗位要申报和推荐相结合，要有上岗培训。一人一岗制，是指每个学生要承担班级一项管理工作。班级还可以灵活设置"一岗双人轮换制"，充分给学生自治的空间和时间。

3. 细化班规制度，促进自律自省

"没有规矩，不成方圆"，"岗、长、员"在执行班级管理工作时，如果有同学违背管理要求，就要以严格的班级制度对违规同学进行处理，以确保班级自治管理能按照全体师生梦想稳步前行。因此，"梦想班级"的形成需要人性化的制度来支撑。如果没有完善的班级管理制度，学生在习惯养成方面就缺失了必要的保障，班级管理效果也必然会大打折扣。而班级制度的形成是师生双边共谋、共遵、共建、共享的过程。班级的自治管理不能脱离班主任的掌控，班主任需要随时把关予以调控，确保每位"岗、长、员"执法公正，并按照班规制度中的标准，做好监督工作。同时我们也要意识到，"岗、长、员"执法的目的不是为了发现错误，而是引导学生自查，在自我对照、自我检查、自我评价和自我反馈中，激发其内在的发展动力，在潜移默化中提升自觉性，从而由被动遵守班规变为自觉遵守班规。班规实行后，学生的自主性、自律性明显增强。

（三）建立班级评价体系，为梦想保障

梦想班级德育模式下的评价体系具有多样性评价内容、多主体评价方式、多元化评价方式。

1. 多样性评价内容

学校可以将好习惯常规养成项目结合为基础评价必备项内容，在此基础上由班级进行内容丰富与创新。各班级的德育评价内容和评价机制虽然略有不同，但综合起来看，越公正的评价，其评价标准越趋于一致，评价项目齐全，兼顾质的提升和量的积累，并且有评价的标准和等级。

2. 多主体评价方式

在梦想班级的评价体系中，评价主体不再单一。通常情况下，学生发展的评价主体往往由班主任担任，其弊端就是评价者单一，评价必然不够全面。而梦想班级德育模式下，对学生的评价则是由多个主体共同进行。首先就是学生角色的变化，从"被评价者"变为"评价的参与者"——依据师生共同制定的评价内容及评价标准进行自我评价和学生互评。教师评价由科任教师与班主任共同参与，还增加了社会评价因素，形成多主体评价方式。

3. 多元化评价方式

科尔伯格道德六阶段包括：第一阶段是因为害怕惩罚而不去做某事；第二阶段是为获得奖赏而行动；第三阶段是为取悦他人而行动；第四阶段是做遵守规则的人；第五阶段是做有契约精神、与人为善的人；第六阶段是有自己的行为准则，并奉行不悖。各年级依据学生所处年龄段的道德发展水平，制定了多元化的评价方式。

（四）加强家校共育，为梦想助力

学校和家庭作为教育的两个重要单位，如果携手同行，就能为梦想班级德育注入最强动力。学校应充分尊重并发挥家长力量，以提升班级自信为出发点，为班级特色活动提供展示机会。班级特色活动的开展仍然要考虑到学生的年级特点，也要符合科尔伯格的"道德六阶段"原则，主张以班级为单位，将家长培训、阶段性家长会和节假日亲子实践活动、班级特色活动结合起来，让家长有机会参与到"梦想班级"特色活动中，见证并助力孩子成长。

二、梦想班级德育模式的使用要求

（一）以学生发展为目标

教育的目标是培养人，教育模式的构建和使用都是以学生的发展为目标和导向，有的放矢，才能成为培养人的有效工具。梦想班级德育模式在使用的过程中要始终坚持以人为中心，一切为了学生的发展。该德育模式下的所有内容与形式，都应起到育人的目的。具体来看，就是能够有效地培养学生的各种素养，积淀成长的力量。

（二）以班级文化为核心

梦想班级德育模式内容多、形式广，但是在班级单位内，所有设计都是围绕班级文化进行的，班级文化即是班级风气的核心，这是以班级文化的精神内涵作为实践行为的引领，发挥师生认同的精神偶像的巨大力量，以知导行，知行合一。

（三）以协同育人为形式

梦想班级德育模式的使用，只通过学校单边教育可能达不到良好的效果。孩子的成长是从家庭开始的，我们知道，家庭是孩子的第一所学校，家长是孩子的第一任老师，当孩子步入学校后，家长和学校便开始合作，形成助力成长的合力。同时，社会也是德育无形的教育基地和检验场所。梦想班级德育模式下，德育内容更丰富、灵动，很多时候，虽然只有一个活动，也需要"家校社"共同完成整个教育流程。可以说，"家校社"协同育人，才能最大程度发挥梦想班级德育模式的育人功能。

（四）以精细管理为保障

梦想班级德育模式不应是个别班级的教育秀，而是在学校全局领导下，有整体框架，又有班级个性的德育工作模式。学校应提前做好各项相关的管理制度，尽量做到精细化，使整个学校的梦想班级建设有组织，有方案，有特色，有成效。同时，在梦想班级建设的过程中，还需要学校的统筹管理和积极指导。

三、梦想班级德育模式的样板例示

友于甚笃　兰心蕙性
——梦想班级德育模式下"友兰班"育人文化解读
大连南金实验学校　刘晓婷

大连南金实验学校友兰班，是一个小学一年级班集体。依据学校以精神偶像命名班名的大班级文化观，一年九班将国学大师冯友兰确定为班级精神偶像。冯友兰，字芝生，河南人，中国当代著名哲学家、教育家，对中国现当代学界乃至国外学界影响深远，被誉为"现代新儒家"。他所著的《中国哲学史》《中国哲学简史》等书籍，是20世纪中国学术的重要经典。他的人生四境界对后世影响深远，以"冯友兰"为班名，希望九班的同学们能够顺习而行，以哲学的观点感悟人生的境界！

"友兰"二字，藏头于"友于甚笃"和"兰心蕙性"这两个成语典故。"友于甚笃"出自《论语·为政》，意思是兄弟般的情谊。兄弟之情非常浓厚，这里引申为一年九班强大的集体凝聚力。"兰心蕙性"，出自宋代诗人柳永的《玉女摇仙佩》，比喻人品高尚，举止文雅，这里引申为一年九班的同学们要人格正大，品行文雅。无论是人品修养还是班级凝聚力，都应以"友于甚笃　兰心蕙性"为班级精神文化内核，努力形成和谐、向上、阳光、健康的友兰班。

友兰班的班徽整体由"笔尖、书海和船舵"组成。"笔尖"与"比肩"同音，有积极向上、并肩向前之寓意；"书海"与"船舵"象征学海无涯，既要有知识的高位引领，又要有正确的领航方向。友兰班班徽整体设计风格呈对称之美，与国学大师、著名的哲学家冯友兰的哲学观点有异曲同工之妙。

友兰班以"宁静致远　厚积薄发"为班训内容，并以此为行动准则，开展班级各项活动。班级自组建之日起，孩子们在日常行为习惯和学习习惯方面已经有了明显的变化与长足的进步，这源于学校和教师的日常规范，家长的每日监督与配合，更源于国学经典的润泽，在孩子心底的启迪与内化。

本班班名为友兰班，以国学大师冯友兰命名，寓意深远。既是对冯友兰唯德学的尊崇与敬重，更是对其思想精髓的追溯与学习。身为友兰班的老师和学生，理应将冯友兰其人、其事和经典部分，做到知晓一二，以不辱班名。因此在班牌悬挂的第一天，我便留了作业，每人都要会背诵冯友兰的人生四境界，即自然境界、功利境界、道德境界、天地境界，知晓其内在含义，并将冯友兰的哲学思想与自己的实际生活相联系，每日由一名学生进行讲解，全班集中评价。经过近三个月的日积月累和持之以恒，一年九班的孩子们不仅会背诵人生四境界，而且打开了想问题、看问题的角度和方法，为自身的文化底蕴做了充分的精神储备，对其处世态度和思考方式也起到了潜移默化的作用。由此想开去，其实每个班级都可以尝试这样的内容，先是班级内的小范围诵读、了解，接着可以尝试班级间的交流与互动，如本周一班与二班进行互访学习，可以采取多种形式，如班级间集中学习、好朋友间互学互教等形式，达到知识的传递与互通。随着互访班级数量的增多，孩子们的信息量采集会随着探知兴趣的增加而越发强烈，环境育人的作用也在悄然发生着变化。

站在学校大文化框架下，思考班级文化建设，缔造梦想教室，如何将现代书院文化融入到班级文化中，融入到友兰班的儒雅环境中，我在不断地思考。我认为缔造梦想教室，要从班级的物质文化、制度文化、精神文化和自主管理抓起，"四管"齐下，方得始终。

一、物质文化

开学伊始，搬迁至新的教室，家委会成员用"细节决定成败"诠释了他们对班级物化环境的理解，班级里各个物品都有了自己温馨的"家"。

二、制度文化

教室前面黑板下方，依次张贴着学习量化评价表格、班级值日生表、班级岗位设置一览表，班级始终贯穿笑脸奖励评价机制（红色笑脸代表与学习相关的奖励，绿色笑脸代表与纪律相关的奖励，黄色笑脸代表与卫生相关的奖励，蓝色笑脸代表与站队相关的奖励。在记事本的左侧，将每天所获得的笑脸贴在那里，家长回家便可根据孩子获得笑脸的多少和颜色判断今天孩子在校的表现，累计10个笑脸，换一张上墙比一比贴纸）。用成型的制度来要求班级学生的习惯养成，最终达到习惯成自然。

三、精神文化

即以梦想为精神引领，结合本班级的班名特点，意以追求冯友兰在勤奋学习、珍惜时间等方面的思想精髓，拟通过悬挂"学无止境"等内容的书法作品，为学生创设高层次的精神引领和目标达成。不仅激励孩子们珍惜时间，刻苦学习，更营造出一种浓浓的书香气息、国学浸润的安宁氛围，提升学生良好学习习惯的内省，对孩子们的礼仪规范也意味深远。侧墙配以学生亲笔书写的关于励志和实现梦想的书法内容或美术作品，营造积极、向上、乐学、儒雅的文化氛围。

四、自主管理

在班级管理上，要培养学生自主管理的意识，让孩子们相信，每个人都是班级的主人，小学生也能管理好班级。具体的做法是，提倡班干部能做的事，老师不做；学生能做的事，班干部不做。这是班级管理中自主参与原则的具体表现。小学生普遍有着较强的自尊心和上进心，都希望得到老师的表扬和赞赏，也渴望获得更多表现的机会。因此，我在班级中实行了学生固定管理岗与轮值管理岗并行的自主管理制度，在班内形成"人人有事做，事事有人做"的管理格局。管理岗包括值日班长、小干部和小组长。其中，小组长是最具活力的轮值管理岗，负责管理本组纪律、学习、卫生等日常事务。小组长还负责学生评价工作，每天依照班级管理评价细则，给每个小组成员打分，一天一评分，一周一汇总，组内竞争，选出小组之星，再上班级评比栏。同时，小组之间也有竞争，评选超级小组。最终，在自主管理中形成了你追我赶的良好班级氛围。

以文化人，以德育心，相信在友兰班"友于甚笃 兰心蕙性"的班级文化引领下，一年九班的孩子们能自发地形成浓郁的和谐风气和辩证地思考问题的能力。在这样的集体中，学生能融洽地与同学相处，与老师交流，友好地进行合作，彼此互帮互助，共同进步！

第三节　梦想班级德育模式的应用

梦想班级德育模式不是一个班级在某一个时间段内的德育形式，而是应用于义务教育阶段完整的德育过程。这个德育过程从班级文化构建开始，便伴随到该教育阶段结束。整个梦想班级德育模式的应用过程中，也不是天马行空的设计与零碎的实践，而始终要坚持德育的导向性原则、疏导原则、知行合一原则、尊重学生与严格要求学生相结合原则、教育的一致性和连贯性原则、集体教育与个别教育相结合的原则、从学生实际出发原则，全面沟通教育者、受教育者、德育内容三者的桥梁，通过榜样教育法、实际锻炼法、情感陶冶法、修养指导法、品德评价法等相互渗透并相互促进的德育方法，将课程与活动相结合，助力学生培植精神力量，涵养成长之路，发挥班级文化和管理的教育优势，形成"家校社"协同育人的教育合力，发挥德育的综合作用，最终在每一个个体成长中，收获德育成果。

一、梦想班级德育模式的应用准备

（一）完善学校制度准备

在梦想班级德育模式应用前，学校要提前完成相应的制度建设，以明确的制度对班级建设进行引导和规范，如班级文化建设制度、班级考核制度、班主任评比制度、学校行为规范管理制度、家校共同治理制度、学生实践管理制度……在各项制度的要求下，各班级掌握梦想班级模式建设的相关要求，并结合班级实际情况，设计符合要求并具有个性化的班级文化。当然，这里说的班级文化不仅指思想文化，还包括管理文化、评价文化等。

（二）构建特色班级文化

在学校文化的核心引领下，各班级可以按照学生的成长规律，依据不同的年级特征，建设独特的班级文化。当然，班级文化的构建不仅是一个设计过程，更是一个教育过程，要注重其德育内容的设置，德育内容需要包含理想信念教育、社会主义核心价值观教育、中华优秀传统文化教育、生态文明教育、心理健康教育等。这些德育内容综合起来，渗透到班级文化中，将起到端正学生思想、提升文化底蕴、开阔成长视野、培养良好习惯等德育作用。

（三）搭建协同育人桥梁

梦想班级德育模式需要家庭、学校、社会共同参与，形成学生终身成长的大课堂，检验实践的大基地。因此，在梦想班级德育模式实施之前，有必要达成家庭、学校、社会的共育共识，引导家长、社会力量积极参与到德育工作中，为孩子追逐梦想并达成成长目标提供必要的力量支持。为此，学校可以通过开设家长课堂、引入社会教育资源、建设综合实践基地等诸多方式，加强"家校社"共育的合力，为梦想班级德育模式的有效应用做好准备。

二、梦想班级德育模式的应用过程

（一）学校顶层设计

对于一所学校来说，育人文化的建设工作十分重要。一所学校一旦确立了学校精神文化、制度文化、物质文化等文化体系，便可以潜移默化地影响学校全体成员的思想和行为；而这种影响，又会促成学校全体成员形成共同的价值观念、思维模式和行为方式。因此，实施梦想班级德育模式的第一步是完成学校文化的顶层设计。学校的育人文化应该包括课程育人、文化育人、活动育人、实践育人、管理育人、协同育人等诸多方面的内容。学校育人文化设计完成后，应有一定的解读过程，通过校园文化课程等形式，为教师、学生和家长进行相应的校园文化宣讲，使本校师生、家长有一个统一的精神风貌引领。

（二）班级个别建设

一个班级组建之初，学生个性不同，没有班级凝聚力可言。此时，需要班主任在学校文化的引领下，进行班级文化建设。每一个班级文化，既需要有学校和年级共性，又需要有班级个性。值得注意的是，班级文化建设的过程不是教师一个人教育构想的实践，而应该作为德育主导，有效组织，充分发挥学生在德育教育中的主体地位，师生通过充分的交流和思辨，选择班级偶像，创设班级文化，确立班级风貌，形成班级公约，最终完成完整的梦想班级的文化建设。

（三）全校交流展示

梦想班级的文化建设完成后，也不是贴在展板上的文字和图画，而是应该在班级内部进行充分的解读和学习，让班集体的每一位成员都真正理解班级文化的内涵，感知班级文化的意义。这样，学生从心里理解班级文化，才能让班级文化潜移默化地影响日常言行，做到知行合一。由于同一个年级的班级精神偶像选自同一领域，所以学校可以组织每个年级进行班级文化交流展示活动，互通文化建设的特色，领略文化建设的魅力。

（四）日常有效实施

班级文化也不是只在展示时搬出来的"作品"，而是应用于日常教育教学的德育渗透。因此，班级的文化制度，应该在日常的教育教学活动中有所体现，有所应用。比如，班歌可以在课前振奋精神，图书角可以作为书香班级的公共阅读资源，班规可以成为班级行为习惯的考核量表，以备评优之用……当然，班级文化不同，班级文化的日常呈现、管理和实施的方法也不尽相同。但是，梦想班级德育模式下各班的育人目标和育人策略是相同的。

（五）综合评价检验

梦想班级既有文化作为引领，又有管理作为支撑，对学生的思想培养、能力培养和习惯培养都是具体可感的。因此，每完成一个教育阶段，便可以通过综合评价总结反馈学生的德育发展水平。这里说的教育阶段，包括小学、初中的大阶段，也包括不同学段的小阶段，还包括不同年级的阶段。不同的阶段有各自综合评价的标准和成长记录。需要注意的是，这里的综合评价是包含家庭、学校、社会、个人多个评价者，德、智、体、美、劳多个评价角度的综合评价，体现的是学生综合素养的水平。

三、梦想班级德育模式的应用效果

（一）学生有梦想，成长有方向

个体学生在成长的迷茫阶段需要有精神引领，班集体在前进中需要凝聚精神力量。而梦想班级德育模式，以班级为成长单位，为全班学生树立了值得学习的精神榜样，明确了成长方向，并按照班级文化的引领，于日常培养好习惯和成长的各项能力。比如，在大连南金实验学校，小学部选择的班级偶像为国内领域的榜样人物，初中部则选择世界领域的榜样人物，寓意着既要胸怀祖国，又要放眼世界。比如每个年级分别以国学大师、唐代诗人、开国元帅、现代文学巨匠、古代圣贤、世界科学家、诺贝尔奖获得者、世界文学家等命名。这些班名不仅是一个名字，而且是一个优秀的精神榜样，更是一份厚重的精神文化，学生们以榜样为偶像，汲取榜样精神助力成长，在学习和活动中养成良好的品质，不断超越自己，奔向心中美好的未来。

（二）班级有梦想，成长有力量

班级精神偶像的指引是无形的，而班级公约的管理和班级综合评价是有形的。梦想班级德育模式下的班级管理体系和评价体系，使得学生在成长的道路上，懂礼仪，有规矩，能够自主地养成良好习惯，发展综合素质。比如，一个学生的行为习惯不太好，需要加强培养和改进，那么需要培养和改进的内容和方法就可以依照班级的评价标准和日常管理要求来对照进行，培养和改进的成果也将在下一个阶段的评价中有所反馈。这样，学生能够发现自己成长中的问题，也能够及时改正问题，看到成长的成果，收获成长的喜悦。在梦想班级德育模式下看成长：横向上，一个班级的全体学生在卓越的班级文化中得到精神滋养和能力培养，具有成长的动力和力量；纵向上，班级文化从初步构建到逐渐优化，再到形成稳定的好班风，是一个班级集体进步的过程。

（三）家校有梦想，成长有温度

梦想班级德育模式下，学校负责德育的主旋律，家庭和社会则是德育的和弦。在德育实践中，学校教育和组织，家长积极支持和参与，社会相关单位和人员也提供必要的资源和帮助，对于每个德育过程来说，是更温暖的，也是更有效的。比如，每逢节假日，大连南金实验学校都会以班级为单位，开展各种亲子实践活动，社会参与度高，影响力强，不仅成为特色活动，而且在越来越广泛的区域中持续辐射着教育的巨大影响力。关爱智障儿童、关爱自闭症儿童、慰问敬老院老人、慰问清洁工、走访贫困学生家庭、为救灾家庭捐款、去区图书馆轮流担任图书义工、到大连各个景区拾捡垃圾等。南金 3300 多名学生的脚步行遍了大连，甚至有的班级一个假期会组织三次不同内容的义工活动，还有的班级做出了活动系列化。2018 年，学校被中华慈善总会正式授牌成为大连市金普新区慈善总会南金书院义工站，学校也被评为金普新区学雷锋义工队。

经过与慈善总会多次沟通，学校已先后为 500 多名学生成功申办了义工证，并且申请开辟了由班主任负责记录、统计、统一上报慈善总会班级义工活动时长的方式，方便了学校各班将亲子义工活动做成全校性的常态化工作，有利于学生在社会大课堂上乐于助人、无私奉献，培养一颗仁爱、善良的心。

第四节　梦想班级德育模式的案例

【案例1】如何形成班主任与学生共同创生班级德育模式

欧拉班师生共同构建班级文化，创生德育模式实例

大连南金实验学校　白璧瑜

1. 年级统一设定本年级各班精神偶像范围为国际数学家。

2. 班主任布置任务，学生在要求的领域内，查找资料，了解相关人物、事迹及精神品质，整理一份简要的介绍。班级内部演讲、分享、交流，通过投票，对所选择的班级偶像进行排序，票数最多的是欧拉，师生认同结果，并确定班名。

3. 学生分组，进一步查找资料，加深对欧拉的了解，并设计相关的班级文化内容。

班名解读

莱昂哈德·欧拉是瑞士数学家、自然科学家，是18世纪最伟大的数学家之一，也是人类历史上最杰出的数学家之一，被人尊称为"数学之王"。他不但为数学界作出贡献，更把整个数学推至物理的领域。此外，欧拉还涉及建筑学、弹道学、航海学等领域。欧拉一生出版了885份关于数学和其他学科的论文和书籍。即使是后来失明了，他仍然笔耕不辍。欧拉在失明之后还打趣地说："现在我就更不会分心了。"以勤奋著称的欧拉，用他那惊人的记忆力和心算能力弥补了视力的丧失。在欧拉

一生丰硕的成果中，有一个以他名字命名的公式被誉为"上帝创造的公式"，那就是欧拉恒等式。九班学生愿将欧拉精神写进青春，不忘初心，不畏风雨，不负年华！

班训

博学而笃志　切问而近思

班风

自尊自信　自立自强

班级宣言

仰望星空，我自心怀梦想，青春杨帆；

脚踏实地，我自上下求索，砥砺前行。

4.通过班会的形式，进行班级文化学习，并集体制定班级公约。

5.班主任出示班级评价体系文件，学生讨论，交流意见，达成共识后执行。

【案例2】如何做好梦想班级德育模式的准备工作

伯阳班梦想班级建设的准备工作实例

大连南金实验学校　王晓辉

为了落实梦想班级德育模式，进而形成良好的班风，达到优质的德育效果，伯阳班在班级文化建设中，做了以下准备工作。

一、生成梦想班级文化

引导学生了解班级精神偶像，挖掘其精神内涵，并据此展开讨论，创设班级文化。确定班级文化内容后，着手布置班级环境，加强班级文化的环境浸润。择日召开"与精神偶像相约"主题班会，深化对班级文化的理解。

二、构建班级管理体系

鼓励学生自治管理，从日常习惯养成的角度设置六个部门，分别为学习部、卫生部、宣传部、生活部、纪检部、体育部。此外，这六个部门下设多个具体岗位，即涵盖班级管理各方面、责任落实到每一位同学的"岗、长、员"等。班主任随时把关予以调控，确保每位同学"执法"公正，每天利用放学的前夕会及时进行总结，以期形成人人参与、分工明确、各尽其责的管理体系。

三、制定班级评价制度

依据班级管理的各方面内容，严格按照班规制度标准，制定具体的评价细则，在班级采取量化考核，激发学生自我管理的意识，提升学生自我管理的积极性，养成自我管理的良好习惯。同时，设计班级评价手册，落实"三结合"综合评价，即自评与互评相结合、师生评价相结合、家校评价相结合。

在充分的准备后，伯阳班梦想班级德育模式顺利实行，学生的自主性、自觉性、自律性明显增强。

【案例3】如何做好梦想班级德育模式的实施工作

子沐班梦想班级德育模式的实施实例

大连南金实验学校　毕秀华

为了保障梦想班级德育模式在班级内顺利实施，子沐班在学期初，教师会先给每个同学100分的量化积分。每天夕会总结学生各个方面的表现，进行加、扣分，每星期"海娃"班会课上，让学生进行规范的自评和互评，统计一周量化积分。将行为规范作为每个人的一面镜子，时刻检查自己和别人。根据积分达到标准，班级会发放书童、秀才、举人等晋升表扬信带回家保存。学期末，班主任老师会为晋升不同级别的学生购买并发放奖品。这种评价晋升制度，大大提高了学生的行为规范意识，激发了学生积极向上的精神。

【案例4】如何做好梦想班级德育模式的总结工作

玛丽·居里班梦想班级德育模式的总结工作实例

大连南金实验学校　邱阳春

一、班内总结

玛丽·居里班建立了班级日常工作量化管理机制，相应地形成了班级评价总结机制。班级通报一周个人得分最高的前10名学生，在班上加以表扬。全体学生考核单需带回家让家长了解情况，并写评语、意见、建议等。之后学生带回，班主任会逐一查看、反馈，达到家校沟通的目的。每月考核平均成绩在班级后15名的学生，召开个别家长会，沟通反馈，力求家校合力。班主任还会在每个学期末对考核成绩优秀的同学进行表奖。

二、校内总结

玛丽·居里班积极参加学校组织的"与精神偶像相约"班级文化拉练与班会课评比活动，在活动中充分调动学生的自主性和积极性，宣传班级文化，展示班级风采。在各班的交流中，班主任总结各班级文化建设、自主管理、综合评价等方面的新思路、好做法，结合自己班级的实际情况，进行创造性的调整和应用，不断完善本班级的德育工作。

【案例5】如何检验梦想班级德育模式的效果

梦想班级德育模式的效果检验实例

大连南金实验学校　惠　彦

一、班级检验

九年级萧伯纳班制定了《班级一日常规考评办法》，涵盖了一日内班级管理的多个方面的内容，具体包括学习、纪律、卫生、作业、考勤、好人好事等，并据此对学生的在校行为表现进行量化考评，使学生考评做到有规可循、有据可查。对学生的考评结果进行月汇总、公布。班主任再进行学期汇总和学年汇总，进而从整体上掌握本班学生的成长轨迹和班级德育态势，进而了解本班级梦想班级德育模式的效果。

二、学校检验

学校除实行日常班级管理考核与评比外，每学期会组织相关的德育交流、展示、评比活动，如班级文化拉练、班会课评比、节日文化沙龙、传统文化展演等，在活动中检验梦想班级德育模式的育人效果。此外，2019 年 9 月，学校在七年级开始尝试钉钉"校园宝"网上评价。评价维度设置了德、智、体、美、劳五大项，即对应思想品德、学业水平、身心健康、艺术素养、实践能力五大核心素养。每一个方面都分为表扬加分项和待改进减分项。所有老师都有参与评价权，方便教师当天评价，及时操作，家长可以在第一时间了解学生各方面的在校表现。学期末，大数据会显示每个学生德、智、体、美、劳综合评价分析，进而在多元评价中检验梦想班级德育模式的育人效果。

三、家庭检验

学校基于传统美德和学生日常行为规范，设计了德育评价手册，创造性地将学生自评、同学互评、教师评价、家长评价融为一体，让家长充分了解并参与德育评价，以便从家庭的角度检验梦想班级德育模式的效果。此外，在家庭劳动、节日活动以及丰富多样的亲子实践活动中，家长能够更直观地在家庭中检验学校的德育效果。

四、社会检验

梦想班级德育模式的效果还体现在学生的行为表现中。学生不仅积极参加学校组织的公益劳动和德育活动，还经常以班级为单位，开展亲子义工活动，在社会实践中彰显新时代学子的美德和风采。

【案例6】如何改进梦想班级德育模式

梦想班级德育模式的改进实例

大连南金实验学校　白璧瑜

一、发现问题，及时探究

梦想班级德育模式不是理论的空谈，而是实践的探索，并且在不同班级的实践过程中，会遇到各种个性化问题。因此，在实践中需要结合班级实际情况和出现的不同问题，及时探究问题出现的原因及改进策略。这就需要班主任深度理解梦想班级德育模式的内涵，并在此基础上灵活思考。比如：某班的精神偶像形同虚设，学生并没有将其精神内化为成长动力；某班的班规对学生的约束力不够；某班自主管理效果不佳等。这些只是问题的表象，班主任需进一步分析问题背后的原因，如学生对班级文化的理解浮于表面，浅显的"知"不能引导正确的"行"；学生在班规的制定过程中参与度低或认同度低；班级自主管理的建设不到位等。

二、依据实践，动态调整

梦想班级德育模式的应用需要依据实践，进行动态调整。我们仍然从上一点的三个实例出发，有针对性地对梦想班级模式进行班级个性化改进。

（一）变文化灌输为文化探究

针对某班精神偶像形同虚设的问题，该班的班主任改变了班级文化的创设思路。之前的班级文化，是由班主任和班干部进行讨论，然后直接教给学生们，这些文化对于学生们来说，只是被灌输的一些文化知识而已，并没有真正成为具有精神引领作用的精神偶像。因此，班主任打破之前的设计，召开班会，重新创设班级文化。班会前，给予学生充分的准备时间，在班会上，从班名入手，同学们充分交流精神偶像的成长经历和励志故事，然后提炼出值得学习的精神品质，再将思路跳到更广阔的空间，挖掘班级内同样具有这种品质的师生事迹，让这些精神品质在身边的榜样身上具象化。进而依据核心精神，结合班级实际，讨论交流，重新设定了班级的班风、班训、班歌、班级宣言。这次班会的召开，让同学们对班级精神有了深入的理解，也让班级文化真正起到了领航成长的作用。该班的班主任将经验分享出来，提示我们梦想班级德育模式下，班级文化由学生自主探究后创生出来，德育效果更好。

（二）变独家智慧为集体智慧

针对某班的班规对学生约束力不够的问题，该班的班主任及时调整了班规。因为之前的班规是班主任从自身视角出发，基于以往教学经验得来的，故而没有得到全体学生的认同。因此，该班的班主任重新调整班规时充分发扬了平等原则，由全体学生自由讨论，充分交流，以集体的智慧制定出大家都认同的班规。在后续的德育工作中，完善后的班规约束力有了显著的提高。这个实例提示我们，学生是班级的主人，这就要给每个学生发言的机会，发扬平等原则，参与管理，制定人人遵守的班规。梦想班级德育模式下，各班制定的班规，应先由学生提出有利于班级整体发展，针对本班存在的问题的班规。民主讨论，以全班表决的方式对所有学生推荐的班规进行取舍和调整，最终形成人人同意的班规。针对中小学生的特点，班规必须具备标准、具体、职责明确、操作性强的特点。一经全班认可后，就用这些规定来约束自己，实现自我管理，从而实现约束、规范自己的言行。当然，当学生认为班规不合理时，可以在班会上提出修改意见，民主讨论进行修订。

（三）变文字要求为实践引导

上文中提到的班级自主管理效果不佳的问题出现在小学低段的一个班级，该班的班主任经过观察和思考，调整了德育方式。其不再直接对班级各岗位负责人提出文字要求，而是通过师生共同的讨论和实践，引导学生明确岗位职责，提升自主管理的意识和能力。比如：班主任和卫生委员一同进行卫生监督工作，再共同制定卫生监督职责。再如：班主任和体育委员一同组织班级队伍和课间操纪律，再共同制定体育委员职责……在这种实践引导下，该班的自主管理效果有了明显的改善。制定岗位职责的过程，不仅使学生明确了岗位职责，更使他们明白了班级中的每一个岗位都是为大家服务的，都是很重要的，要做好也是不容易的，需要全班学生分工不分家，共同管理好班级。这个实例表明，梦想班级德育模式下，班级管理需更注重实践引导。

第三章

班集体建设，德育工作的内生动力

第一节　梦想班级集体的组织建设

相较于个人，集体更加具备强大的力量，能够散发强大的活力，进而发挥更大的作用。其中，搞好班级组织建设，是班级建设的重要基础，也是保障班级"长治久安"，实现学生"高度自治"的重要条件。组织是管理的主体力量以及重要载体，为打造梦想班级，就必须要跟进与强化班级组织建设，充分发挥班级组织建设对班级管理的积极作用。

整体上来讲，梦想班级集体的组织建设必须能够达到以下四个方面的功效。第一，可显著增强班级的管理效能。一个健全的班级组织，应当具有完整的机构设置、专业的管理人员、明确的分工协作、协调的人际关系以及稳定的运行保障机制等。第二，有利于学生集体精神与自我管理能力的培养。科学合理的组织建设，应有突出的生本及人文属性，能够尊重学生的主体地位及作用，能够充分保障学生的权益，能够倾听学生的诉求，唤醒其集体精神，激发其主观能动性，能够自然而然、发自内心地将班级看成是一个友爱的大家庭，能够不断完善自我，为班级作出应有的贡献。第三，能够促进学生的个性发展。科学的组织建设可为学生营造一个更优质的成长学习环境，使每位学生都能在班级生活中找到自己的位置，都能够充分展示自己的才能与特长，都能够使个性得到主动的发展。第四，大幅提升班主任的组织管理能力。新时期为构建梦想班级，对于班主任班级管理能力提出了更高层次的要求，而基于行之有效的组织建设，可强有力地辅助班主任进行班集体管理的同时，大幅提升其组织管理能力，更好地辅助并促进学生的全面发展。当然，梦想班级集体的组织建设不仅要能够达成上述宏观上的功效，也要从微观上行之有效地落实。

一、班级正式组织的组建与实施

（一）班干部的选拔

班干部的选拔，是接手一个班级后的首要事务，也是打造梦想班级的基础工作。总的来讲，班干部的选拔无外乎从人品、综合能力及学习成绩等几个方面来进行衡量与选拔。当然，伴随着素质教育改革的深层次推进，在班干部选拔中，我们应更加关注学生的能力及品质因素。

具体来讲，首先班主任要依据看档案和个别谈话，加上对学生们表现的初步观察，来初步选定一个或几个"召集人"。注意此时不应直接进行班干部任命，即使是类似于"代理班长"这样的称谓都不要有，最好称他们为"召集人"。比如，在班级劳动或参加学校集体活动的过程中，此时并没有设置"召集人"，班主任只是默默观察同学们的行为表现，看看哪些同学更愿意主动担起组织者角色，更具组织领导的意识及能力，谁更具有集体意识、勇挑重担、懂得奉献等。教师经观察后私下拟定人员名单，然后进行一一面谈，经过本人的同意后，正式任命他们为"召集人"。当然，考察过程中可能会遇到诸多不错的人选，但是只需任命2—4名"召集人"即可，由他们协助教师完成班级管理基础要务。

其次，在班委会正式成立之前，还有两项工作需要完成。第一，向学生发放并填写《自然情况登记表》，其中有一项就是"你是否想担任班干部？你想担任什么职务？"基于这样的基础调查，可帮助教师初步了解学生。如果学生主观上没有担任班干部或参与班级管理事务的意愿，那么理论上来讲，就不应被任用。只有发自内心地想要做班干部，才有可能做好班干部工作；反之，心思不在此，也就不可能做好。第二，以匿名方式进行"民意测验"，让学生们选出自己心目中理想的班委会成员，教师基于票选结果的统计，来协调选定班委会成员。当然，班干部一经选拔确立，也并非一成不变。除了要实施动态观察之外，还可以实施轮流值班班长制等，人人都是小管理者。凝聚大家的智慧与力量，共同致力于梦想班级的建设。

（二）班级机构设置

要想建设梦想班级，就必须要有一支高效精干的班干部队伍。他们是班主任的左右手，是班主任与学生们沟通的"桥梁"，是班级建设的"领头羊"。基于科学合理的班级机构设置，及时有效地组织好班干部队伍，充分发挥每个学生的优势及能力，有利于推动梦想班级的建设目标的实现。总的来讲，要充分发挥班委会和骨干的核心力量。在一个良好的班集体中，不仅要有优秀的班主任做领导，还需要有一批积极分子，他们团结在班主任周围，协助班主任为班集体建设贡献智慧力量。这批积极分子，正是班集体的核心所在，在引领班级建设，实现班集体目标等方面发挥关键作用。

具体来讲，首先是班委会，作为班级的核心组织，应在班主任的组织与协调之下，由民主选举方式产生。班委会成员数量一般在5—7人，包括班长、副班长、学习委员、文艺委员、生活委员、宣传委员、劳动委员等。其中，班长与副班长可以由一男一女来分别担任，基于男女的配合协调来完成班级全面工作的同时，能够统筹兼顾男生、女生不同群体的实际情况及个性需求等。当然，除了按照上述较为传统的班委会成员设置方法外，还可以按照兼任的方式，如副班长兼任纪律委员、体育委员兼任劳动委员、文艺委员兼任生活委员等。如此，可充分发挥班委会的主体作用，强化其自我管理能力，明晰自己的职责，既分工协作又共同配合，协助教师共同致力于班级管理服务。

另外，要发挥少先队、共青团、学生会、学生社团的作用，引导学生自我管理或参与学校治理。从组织建设的角度来看，对以上各机构的组织建设加以规范。

具体来讲，少先队组织建设方面，要依据《中国少年先锋队章程》第十三条中"我们的组织"中之规定："在学校、社区（一般不涉及）建立大队或中队，中队下设小队。"规模较大的学校，可以在学校德育办的领导下，建设少总部，然后下设大队。其中，一个年级就是一个大队，如一年级是一大队、二年级是二大队等。各级大队又要下设中队，每个班级就是一个中队。中队下设小队，如一小队、二小队等。另外，对于规模较小的学校而言，可以按照"大队—中队—小队"来进行设置。而机构人员，可以包括德育办主任、各级（总部、大队、中队）辅导员。

共青团组织建设方面，发挥好组织作用以团结带领青少年，发挥好支柱作用以协助学校管理学生事务，发挥桥梁作用以依法维护青少年的合法权益。团委、团支部以及团小组，要求服从组织决议，积极参加组织活动，有效完成组织交给的工作等。

学生会组织建设方面，从学生代表（班干部）中选举产生，每届任期一年，每学年按上、下学期召开两次大会，听取学生会工作报告，听取和采纳学生的建议及要求，实行民主集中制。另外，学生会以主席团为领导核心，主席一名，副主席两名，下设学习部、宣传部、劳卫部、文体部以及纪检部五大职能部门，各部设部长一人，人事若干。

学生社团组织建设方面，由少先队员自发组成，至少包括五名及以上少先队员，社团小干部由少先队员民主选举产生，上报学校大队审核批准，生成明确且协调的分工。要有名称、有标志、有团训、有要求，能够坚持并突出一队员为本，着力突出社团丰富多彩的活动以及积极向上的面貌。

二、班级非正式组织的扶持与引导

所谓非正式组织，指的就是自发的、无意识的，行动无规律，仅以兴趣、感情、习惯、喜好以及互相依赖等，满足个人不同心理需要的群体。通常情况下，正式组织与非正式组织共同存在于班级环境之中，二者间不仅联系紧密，而且相互影响。从某种程度上来讲，如果一个班级的非正式组织比较活跃，则说明该班级的班级生活较为丰富，有助于迎合学生的个性化发展需求等。但是，如果一个班级的非正式组织效能大于政治组织，则说明班级管理处于错乱无序的管理状态之中。如果班级正式组织不敌非正式组织，或者说由于非正式组织的影响，导致正式组织的效能失控等，都会直接影响班级管理，班级中就会出现人心涣散的问题，这就与我们新时期追求构建的梦想班级背道而驰。对此，我们应当对班级非正式组织给予扶持与引导。

具体来讲，首先要充分利用非正式群体的正向功能，保护积极性因素，转变消极群体。班级的非正式组织，应当作为正式组织的有益补充。非正式组织的存在，可以支持学生在学习及活动中多元化需求的满足。对此，要利用非正式组织的正向功能。其一，要充分利用非正式组织的情感性、自愿性特点，引导他们善于开展有效的批评与自我批评，基于互帮互助、积极进取等，来构建良好的学习风气。非正式组织也应密切关注后进生群体，引导他们发现自己的优势，激发其上进心，主动吸纳新成员的加入，充分发挥他们在班级活动中的价值。其二，要充分发挥非正式组织的优势，组织开展各种有用的活动。比如以班级为单位组织实施足球比赛，同时组织啦啦队来加油助威，这样既锻炼与发挥了学生们的才能天赋，也能够激发他们的参与意识和集体荣誉感，丰富班级活动，活跃班级氛围的同时，促进班集体建设。其三，要加强对非正式组织的有效管理，对于偏离集体的非正式组织，要加强教育与管控。要及时引导，向班级目标的一致方向而努力；对于违反纪律与规定的非正式组织，要果断处理甚至强令解散。

其次，要加强对非正式组织的多方位思想教育，由于非正式群体活动具有自发性，也就不可避免地发生盲目性与破坏性。与此同时，以往更加注重班级正式组织对学生的影响，相应来讲对非正式组织的影响估计不足，由此，客观上势必增加了非正式组织的盲目性与自发性。所以，要加强对非正式组织的多方位思想教育。其一，要引导非正式组织强化与提升其明辨是非的能力，比如让他们正确地区分何为友谊、何为江湖义气等。其二，要避免非正式组织的"小圈子思想"与"本位思想"，避免非正式组织与集体分化，要将其融入班级大家庭当中，引领与促进其良性发展。其三，要加强正式组织与非正式组织间的联系与沟通，教师要能够介入非正式群体，加强管理与引导，同时以成员、以朋友的身份参与到组织活动当中，规范小组活动，避免出现违纪违规行为。另外，也要与非正式组织核心人物保持密切的联系与交往，引导他们发挥对组织的正向引领作用，保证非正式组织与正式组织能够和谐友好地存在于班集体生态环境当中，基于相互间的联系与配合，发挥各自的优势，在追求以及实现梦想班集体建设的过程中，群策群力、同向同行。

三、建立良好的师生以及同伴关系

纵观一个班级的班级关系，良好的师生关系和融洽的同伴关系是其中尤为重要的组成部分，也是梦想班集体建设过程中不可忽略的重要因素。结合必要性的角度分析，其一，建立良好的师生关系与同伴关系，是师生双方共同的心理需求。只有在良好的人际关系当中，师生的个性及创造性才会充分发挥，才能够展现更加积极健康的精神风貌。同时，也能够有效避免由于人际关系而影响学生学习情绪以及教师教学态度等不良事件的发生。其二，建立良好的师生关系与同伴关系，可激发学生学习的积极性。在良好的师生关系与同伴关系下，学生们更能够感受到爱护与支持，学习的动机会更加强烈，更能够克服学习过程中的枯燥与乏味，会全力以赴地学习。换言之，良好的师生与同伴关系，可以使学生对教师更有情感上的依附性，学生也会更有积极主动的意识，去让自己的学习行为表现得更加符合教师的标准与期盼。其三，建立良好的师生关系与同伴关系，有利于优化学习环境。民主、平等、和谐、融洽的新型师生关系，更有利于形成生机勃勃的学习氛围，消除学生对老师的戒备甚至是畏惧心理，能够深入地交流与沟通，学生才会勇于开口、敢于参与，最终收获良好的学习成效。

当然，为构建良好的师生关系与同伴关系，班主任应制定行之有效的办法。其一，要严于律己，学高为范。班主任也是教师，为人师表不仅要做好知识的传播工作，更要自觉有效地传播社会精神文明，在日常生活及教学管理等过程中，能够真正地恪守师德以及严于律己，成为学生的榜样和表率。具体来讲，要掌握渊博的科学文化知识，具有专业的学科知识素养，深度理解与掌握教材，具备精湛的教学艺术，做一个知识广博、和蔼可亲的学者型教师。与此同时，还要有高尚的道德情操、严谨的工作作风以及敬业的精神态度等，在工作中表现出强烈的责任感，以自己崇高的思想品德、高尚的人品修养等去影响与感染学生。

其二，要热爱学生，理解学生。要把热爱教育事业和热爱学生紧密结合起来，关爱学生的学习与成长，关注学生的思想品德。本着以生为本的教学及管理理念，善于与学生互相沟通，做学生的知心人，处处为学生着想，为学生排忧解难，做贴近学生心灵的老师，关注学生在学习及生活中细微的心理变化，给予耐心且细致的指导与帮助。

其三，要尊重学生，信任学生。要以真诚的态度对待学生，与学生平等相处、坦诚相见，树立和蔼可亲的形象，以情营情和以情促知，方可情感互动、心灵相通。需要特别强调的是，学生正处于身心发展的重要时期，逐步萌发叛逆心理。所以说，教师更加需要有大海般的胸怀去理解与包容，允许学生犯错误，指导学生去认知并改掉错误的意识及行为。不要动不动就向学生发脾气，甚至是体罚学生。只有给予学生充分的宽容与理解、尊重与信任，尽其所能地为学生排忧解难，才会赢得学生的敬重，"亲其师，信其道"也就自然而然实现了。

其四，感恩教育，真情互动。良好的师生关系与同伴关系的构建，单纯依靠某一方的单向给予是行不通的，应当是相互的，彼此之间都要懂得感恩与奉献，能够尊重他人、尊重师长，不可自大妄为、自私自利。当今社会，很多学生都是家庭的独生子女，从小不仅享受着优厚的物质生活，而且很多都是在溺爱的环境中成长起来的，甚至养成了不少"小皇帝"的坏毛病，比如不懂感恩、唯我独尊，认为别人为自己所做的一切都是理所应当的，不能有不同的意见，更听不得批评，心理承受能力较差等。对此，要强化感恩教育，比如开展以"感恩"为主题的系列班会、作文写作、诗歌朗诵以及情景表演等活动，让学生们了解父母的养育之恩、老师的教导之功、朋友的帮扶之情等。珍惜并感恩眼前的一切，用自己的实际行动做出积极的、应有的回应。

四、班级家长委员会的组建与实施

为落实上级指示及文件要求，创新发展学校管理模式，加强梦想班级集体建设，就必须充分发挥广大学生家长的作用，积极动员和调动家长力量，以形成对教学管理的理解、参与及支持。家长委员会是现代学校制度的重要体现，是表达与维护学生及家长合法权益的重要载体，也是评价学校教学质量及师德师风状况的重要组成。家长委员会除了要宣传与贯彻党的教育法律法规及方针政策，还要充分发挥对教学管理的监督与指导作用。确保家长深入参与到教育管理改革、督导评价及涉及学生利益相关事宜的决策等工作中，促进学校教学管理工作的发展完善，办好人民满意的学校。另外，本着一切为了教育，一切为了孩子，一切为了学校的工作理念，达到家校间的"同心合力"，为学生构建良好的成长环境。

另外，班级家长委员会组织结构及产生，应由班主任牵头，设置委员会主任一名，秘书长一名，副主任四名，委员若干名等。委员会所有成员，均由学生家长代表担任。每学期应至少召开一次工作会议，听取工作进程，总结成果及不足，制订工作计划，提出合理化建议，督促有关问题的整改。在有组织、有活动、有记录以及有总结的"四有"工作机制及规范标准下，高效运行。

第二节　梦想班级集体的制度建设

班级是学校教学管理的基础单位，也是开展与落实德育工作的基础载体，更是促进与保障学生全面及个性发展的基础环境。一个班级的教育管理品质，直接影响与决定着一个学校的教育品质。

为全面提升班级管理品质，促进梦想班集体的生成，就必须要跟进并强化制度建设，制定共同遵守的办事规程或行为准则。正所谓"无规矩不成方圆"，对于一个组织或者是团体而言，为了能够基于长远角度出发，达到稳定且有序的运转，构建并完善相应的制度机制可以说极具必要性和紧迫性。而这，对于班集体建设而言同样适用。鉴于传统班级制度所存在的效率低下、民主缺失以及方式机械等问题，我们需要加强并完善制度建设。特别是要建立健全班级自治的管理制度，贯彻落实"以人为本"的管理思想，为梦想班级建设保驾护航。自主管理是激发学生内在潜能、唤醒学生自我发展的有效教育管理办法。通过激励、关怀与尊重人的价值选择与能力素养，要注重"以情动人"，能够与学生进行频繁且深入的情感联络，以此构建良好师生关系的同时，进一步唤醒并激发他们的主动性、积极性和创造性。在班级自治管理制度的基础上，让学生全方位参与自主管理，实现自主管理能力提升的同时，能够有效推进梦想班级的稳步建设。

总的来说，新时期梦想班级集体的制度建设应实现以下三个转变。其一，要实现管理性向人本性的转变。传统的班级制度存在诸多禁锢、漏洞以及偏差，与新时代梦想班级建设可谓格格不入，而且从一定程度上还会阻碍学生身心健康发展。如果教师依然固守旧观念，不做出与时俱进的调整与改进，势必难以培养出时代所需的人才。师生之间不应是管理者与被管理者的角色，班级制度的制定也不是班主任的"一意孤行"，而应符合班级实际教学环境，经全班一致协商后确定。也就是说，全班同学既是班级制度的参与制定者，也是行动践行者和坚定维护者。

只有这样，学生们才更能够自觉遵守班级制度，不会有被统治的感觉，使班级制度真正能够为学习成长而服务。

其二，要实现权威性向主体性转变。以往班级制度下，教师作为管理者具有绝对权威，在班级管理过程中"发号施令"，这样的班级管理看似直接有效，但从长远来讲，会拉大师生之间的心理距离，导致人心向背、渐行渐远，班级管理局限于表现，难以有实质性的落实，导致事倍功半。为彻底扭转这一局面，就必须要尊重并体现学生在班级管理中的主体性地位及作用，改变以往的班主任负责制，采用全班学生当家做主的全新模式。贯彻落实民主集中制，就班级集体事务进行合议并票选，得出更能够被学生广泛接受的办法。在班集体中，民主集中制的落实要从基础事项着手，首先就要尊重、鼓励和指导学生们参与到班级事务当中，激发他们的主人翁意识，能够勇敢地说出自己的想法与建议，由此也会使得班级制度朝向民主化以及个性化的方向进一步发展前进。

其三，班级管理要注重"刚柔并济"，强制性的班级管理制度，很大程度上抑制与制约了学生的不良思想及行为，但是并不能够从根本上完全杜绝。为实现"治标"且"治本"，就必须要增加柔性管理，从正向引导出发，去促使学生自觉遵守班级制度，加强对学生的鼓励，提高对学生的期待。实施情感教育，采用疏导的方式来化解情绪，用情感化、用心引导、用脑处理。最终，在提升学生思想认知的同时，使学生更加认可并遵守班级制度。

一、班规制度建设与应用

首先，班规的制定与完善，要发扬平等原则。班级是每名学生共同的集体，应当给予每名学生发言的机会，本着平等、民主的原则，制定人人遵守的班规。各个班级在制定班规的过程当中，应当先由学生们提出有利于班级整体发展的建议，然后针对本班级所存在的各种问题，针对性地提出班规。需要特别强调的是，班规的制定必须经民主讨论，在合议后确定。结合全班表决的方式，来对全班学生们所提出的班规意见进行取舍，最终生成广泛接受与普遍认可的班规。另外，结合学生的身心发展特点，班规必须明确、具体、操作性强。一经商定之后，就要严格按照班规的内容条约来约束自己，规范自己的言行，以此为依据来实行自我管理。当然，在班规执行的过程中，如果学生发现明显的不合理或者是不完善的地方，要及时提出反馈意见。班会上，围绕大家所提出的意见进行民主讨论，生成修改方案，及时改进与提升。

其次，要建立班级评价体系，以评价来促管理。在班级管理过程当中，如果缺失评价，不仅会使公平无法保障，也会丧失管理的长效机制。所以说，班级要想朝着梦想快速且有效地发展，就必须要建立科学完善的班级评价体系，对学生实施客观而精准的评价。总体来讲，可以将班级评价体系建设纳入班主任工作任务及目标计划当中，甚至纳入工作评比与考核之中，以进一步促进班级评价体系的构建与完善，生成优质可行的评价方案。学校也要鼓励各班级结合本班实际来制定与实施极具个性化与开放性的评价机制，激发学生的荣誉感与成就感，生成积极向上的内生动力。具体来讲，第一，要落实多样化评价内容。学校要创造性地利用德育教材，将对学生的美育评价与学校监督检查相结合，确立以卫生、纪律、守礼、晨读、间操、眼保健操六项常规养成项目为根本的基础评价项目。各个班级可以在此基础上，结合本班实际及学生需求，来进行丰富与创新。比如可以自行研究特长加分项，包括在体育及艺术学科中的优异表现等。第二，要落实多主体评价方式。教师不再是评价的唯一主体，师生要结合共同商定的评价标准来进行评价，除了班主任评价以及学生自评与互评之外，还要让科任教师参与进来，有条件的还可以酌情增加社会评价的因素。比如与社会某些单位主体联合举办的社会实践活动，包括系列志愿服务活动等，以此来获得来自社会的评价。基于此，形成多元主体评价。第三，要落实多元化评价方式，各年级班主任要参照"科尔伯格道德六层次"理论，根据学生道德发展水平，制定多元化的评价方式。考虑到我们的受教育群体心智发展尚不成熟、认知能力有限等，相应评价方式应直观具体些，比如从奖品、奖章等各种物质奖励向荣誉、职位等各种精神奖励过渡。当然，在此过程当中，我们还可以纳入积分兑换制的方法。比如针对低年级学生，积分满50分可以抽奖一次，相应奖品有精美的文具、食品等。而对较高年级学生，则可以结合量化积分，发放如"书童、秀才、举人"等荣誉奖章，或者是评选"班级之星"（学习之星、文明之星、纪律之星、卫生之星等），在教室内设置专栏来展示班级小明星的倩影，当然也要对表现优异者给予肯定与表扬。班级评价体系的构建与完善，是师生共同努力的结果，也是师生智慧的结晶。基于德育评价体系的建立，营造自主管理、团结共进的良好班风，同时在和谐有序、昂扬向上的校风滋育下，让德育真正渗透到每个班级，落实到每名学生的实际行动之上，实现入脑入心。充分发挥德育的长效性及正能量，构建公平、公正、积极、向上的班级评价氛围，促进班级朝着梦想方向有效发展。

二、专项制度建设与应用

新时期，为了完善管理制度，全面有效地促进梦想班级建设，除了要依靠常规制度以外，还必须加强专项制度的建设与应用。当然，专项制度的内涵也比较丰富和广泛。其中，我们可以从宏观与微观两个方面去界定与划分。首先，结合宏观角度来讲，应至少包括以下几个方面。第一，德育专项制度。包括热爱祖国、热爱中国共产党、热爱集体、热爱劳动、热爱科学以及讲文明礼貌、遵守纪律规范等。当然，我们也可以将德育专项制度进行细分概括，提炼成顺口溜方便记忆与落实。比如"五有"（课堂有纪律、课间有秩序、心中有他人、言行有礼貌、人人有进步），"五无"（地上无纸屑、桌面无刻画、墙上无污染、门窗无积尘、卫生无死角）。第二，养成良好行为习惯的专项制度。包括孝敬父母，关爱健康；尊敬师长，积极交流；诚实守信，知错就改；虚心求教，不骄不躁；珍惜公物，生活节约；坚持锻炼，强身健体；等等。当然，各班级也可以发动学生的智慧与力量，共同编制行为习惯养成顺口溜，便于传诵与落实。如"讲文明、树新风，好习惯、早养成"，再比如"读与写、姿势正，眼卫生、要保证"等。第三，安全卫生管理的专项制度。安全卫生管理事项繁杂，涉及方方面面，相应制度的完善也是不小的工作量。所以，要发动全年级各班级学生的力量与智慧，来进行分工协作，各班级围绕划定主题或区域范围进行构思，来共同制定并切实遵守安全卫生管理的专项制度。包括"珍爱生命，注意安全，防火、防洪、防溺水、防雷击""遵守交通规则，不乱穿行马路""上下楼道不打闹、不跑跳、不下蹦""衣着整齐勤洗头，早晚刷牙保清洁"等。第四，家长教育行为的专项制度。包括"关注儿女道德品质，培育儿女社会公德""指导儿女做家务，鼓励参与社会公益""不溺爱，不打骂"等。

另外，结合微观角度来讲，可在班级内部实施定岗定责，全面体现主体意识。在推进班级自主管理的过程中，班主任要善于调动和激发每位学生的潜能与参与意识，尽量安排人人参与班级管理，同时明晰各个岗位的职责。生成"人人有事做，事事有人做"的良好格局，促进班级管理稳定有序运转的同时，培养学生的领导力与责任心，使其在多角色体验以及多元人际交往之中，实现个人能力的发展与提升。具体来讲，我们可以按照"岗、长、员"来实施个性定制化的班级岗位实现模式。比如，卫生方面可以设置卫生监督岗，纪律方面可以设置纪律监督岗，守礼方面可以设置守礼监督岗，晨读方面可以设置晨读监督岗，间操方面可以设置间操监督岗。再比如，为节约用电、合理用电，可设"灯长"；为保障班级内外的花草能够苗壮成长，可设"花长"等。再比如，为检查放学后桌椅摆放是否整齐，可设课桌监督员；为检查粉笔盒是否及时清理，可设粉笔监督员；为检查电脑多媒体是否及时关闭和断电，可设电脑监督员等。每一"岗、长、员"，可按照申报与推荐相结合的办法来进行，也要有岗前培训，在明确职责的同时，培养同学们为集体服务的意识。班级事务种类繁多，事无巨细，都要有人做，也都要做好。需要全班所有同学分工协作、共同努力，才能够管理好班级。当然，考虑到学生长时间做一件事可能会失去兴趣，我们还可以实行"岗、长、员"的轮换制。汇聚全班学生的智慧、力量、激情等，来共同促进与保障班级自主管理的高效率、高质量进行。

三、全员德育导师制建设与应用

新课程深层次改革发展下，应有新理念的融入，也要构建德育新局面。其中，为了彻底改变以往学校教育与德育教育的"两张皮"现象，真正使德育落到实处，就必须要从制度层面加以完善，而全员德育导师制，是一种全新且有效的育人组织形式。以全员德育导师制为载体，动员全体教师全面深入地参与到德育工作当中来，实现德育资源的充分整合与有效利用，积极探索学校德育工作管理的新模式，构建与生成学校德育工作特色及优势，构建德育工作新局面。基于全员德育导师制的实行，一方面，使师生关系更加和谐融洽，把教师对学生的关爱深入到学生的心灵深处；另一方面，发现与激发每名学生的内在潜能，引领与促进其人格成长。

具体来讲，其一，要健全组织，明确分工。建立"校长—班子成员—班主任和科任教师—学生家长—校外辅导员"等在内的全员育人网络体系，实行由校长亲自抓、德育处深入抓、班主任直接抓、科任教师协同抓、学生家长辅助抓等相互联合、共同育人的工作局面。其二，实行"一个战略，四个结合"。采取分层实施、逐步深入的战略，将导学与德育相结合，将导学活动与导学策略相结合，将个体指导与主题活动相结合，将导学与科研相结合。记录活动开展的情况并录入档案，以月为周期进行个案分析，以学期为阶段进行经验总结与交流。推进全员包生责任制，对特殊群体的学生给予特别的关怀与关照。比如针对单亲家庭、犯罪家庭、离异家庭的学生，有心理问题的学生等，落实包生责任，制定具体办法。其三，采取多措施保障，推进全员育人。比如组织开展各种主题的交流与沟通活动，包括谈心谈话会诊、心理咨询、文艺表演、体育节活动等，促使学生的思想、行为等在良性轨道上发展；比如由班主任牵头，各科教师参与，对学生薄弱学科进行辅导，或者是利用校园宣传阵地、德育基地及社区中心等，组织开展丰富多彩的教育实践活动，基于多方参与，形成育人合力，引导学生增知识、长见识的同时，树立正确的价值观念；比如组织家长委员会成员、班主任、导师、教师及学生代表等，定期召开班级教导会，对全员育人过程进行审视与反思，实施科学的诊断，总结有益经验，认知薄弱及不足，针对性地提出有效的解决与改进措施。

第三节　梦想班级集体的文化建设

所谓班级文化，指的是班级成员在长期的班集体生活及交往之中，经过彼此间的相处、磨合、适应等，逐步形成且呈现动态发展地被所有班集体成员所共同认同与遵守的班级价值观及行为标准体系。班级文化不仅决定了班级的层次与水平，更是一个班级的灵魂所在，是班集体成员价值取向的集中表现，也是新时期打造梦想班级必不可少的条件之一。传统班级建设中，忽略了班级文化建设，或者是班级文化建设成为班级建设中的一个短板。由于班级文化的缺失，学生就如同知识的储存器一般，导致高分低能、低素质的情况时有发生。学生缺乏强大的精神境界与坚定的理想信念，班组织松散、缺乏凝聚力，班级文化狭隘、品位庸俗等。由于班级文化的缺失，也就无法通过班级文化来滋养学生良好的价值观。对此，要营造体现新时代精神的班级文化，潜移默化地发挥对教育的积极影响，为打造梦想班级提供强有力的保障。

一、环境文化的设计与布置

总的来讲，环境文化建设分别从硬件与软件两个方面着手，着力于打造更为全面、立体和优质的班集体。当然，班级环境文化的设计与布置需要能够立足自身情况，彰显特征优势，打造办学特色，做到因地制宜等，如此才能够更好地实现内涵式发展。班级文化环境建设既要关注表象，又要注重内在。其中，外在环境可以反映与突显班级文化。为此，校园应做好"三化"（净化、绿化、美化）工作，在设计优化校园空间环境的同时，能够增强校园的文化底蕴和文化魅力，全面增强校园美感及文化氛围，以打造良好的文化环境，进而使环境育人功能得到更好地发挥。各个班级内部也要保证整洁美观、特色鲜明。既能够塑造与突显良好的班级形象，又可以发挥环境育人的重要作用。举例来讲，比如班级悬挂绘有《清明上河图》图案的窗帘，墙壁上悬挂师生的书法及国画作品，设置诚信书吧以及板角文化展，在发挥长效育人作用的同时，为学生创造温馨和谐的学习场所以及温暖贴心的心灵港湾。

另外，环境文化建设也要突出内在。班级文化还可以以直观事物为载体，进而实现内在文化的突显。具体来讲，其一，确定班名，明确班级的文化价值。经师生商议，从开国将领、国学大家、唐宋诗人、科学家等人中选取并进行命名，如同特定的班级符号，赋予班级学生强烈的文化认同感与归属感。其二，设计班级名片，突显班级文化内涵。班风、班旗、班歌、班训等都是班级的名片，都能够彰显班级文化内涵，也都能够引领班级师生的共同梦想。其三，选编班歌，唱响班级文化精神。班歌不仅仅是班级艺术文化的表现形式之一，也是振奋班级文化精神的一种灵活有效的办法。特别是在班级或学校的活动当中，全班合唱班歌，可很大程度上鼓舞士气，增强班级的凝聚力与向心力，激发学生的积极心与进取心。

二、行为文化的设计与实施

班级行为文化，指的是班主任有目的、有计划地组织开展形式多样、内容健康的文化活动。作为班级文化中的活跃因素，集中反映了班级的精神面貌与管理水平。班主任以文化活动为载体，组织实施班集体活动，这些活动能够激发孩子自我教育的潜质，在教师的引导下，在同学们的激励与互助下，逐渐形成良好的行为习惯。因此，在促进自我良好发展的同时，能够推动良好班级文化的生成。

第一，可以设计主题班会，占据德育教育的主阵地。班会是展示学生个性特长、兴趣爱好，展现班级文化的重要平台。而且，值得称赞的是，让学生自主设计、组织和实施班会，赋予他们更多的自主权和设计空间，他们不仅会以更好的状态投入到班会活动中，而且可生成更具自发性与有效性的德育效果。所以说，教师需要下放权力，让学生们以小组为单位，自主拟定班会主题、制订班会执行方案等，上交班主任审核通过后实施。比如"爱国""感恩""环保""亲情""友情"等主题，都是优先可以考虑和选定的主题。第二，可以开展读书活动，建立"书香班级"。"书中自有黄金屋，书中自有颜如玉"，书籍可为学生打通通往智慧与精神殿堂的大门。在读书中积累知识的同时，也可以大幅提升学生的精神境界，开拓自己的认知，提升自己的修养。第三，可以组织实施社会实践活动，培养学生的社会适应能力与社会责任感。班级活动要突破传统的时空限制，能够走出班级，走出校园，走进社会、走入社区等。在社会实践的活动当中，锻炼才干、思考人生。比如，成立考察小组，围绕不同主题开展社会实践调查；也可以组织开展系列志愿服务活动，送温暖、献爱心，到残疾人家庭、低保户家庭等进行慰问与帮扶等。第四，可以组织开展丰富多样的文体活动，在丰富学生课余文化生活的同时，为学生们提供一个展示自我、锻炼自我的平台，在强化能力素养发展的同时，培养学生良好的审美情趣。比如开展趣味运动会、田径专项竞赛、篮球 3V3 竞赛等体育赛事活动；或者是举办文娱晚会、歌咏比赛、诗朗诵等文艺活动等。基于学生的参与和体验，切实推动校园文化建设。

三、建立民主、融洽、和谐的人际关系

富兰克林·罗斯福曾说过，成功公式当中，最为重要的因素便是善于与人相处。可以说，人际关系在我们的生活中扮演着重要的角色，发挥着积极的作用。总的来讲，良好的人际关系是教师自身发展的需要，在良好的人际关系作用下，教师教学成果也会增加，更能够受到周围人的尊敬与认可。良好的人际关系也是学生自身发展的需要，在良好的人际关系作用下，人与人之间能够相互尊重与充分信任，学生的个体特征也会进一步发挥，有助于德、智、体、美、劳的全面发展。良好的人际关系可以优化班级管理，良好的人际关系可以帮助学生正确认知班级生活中的矛盾及自己心理上的难处，理解教师的善意引导，避免内心的隔阂，从而更有效地融入班级。良好的人际关系可以丰富成长环境，可使

家庭及社会都能够参与进来并建立广泛联系，以此为学生创造更多的集体实践活动，使学校生活丰富多彩的同时，也为学生的个性化发展创造了更多的可能。可以说，建立民主、融洽、和谐的人际关系，是创造并维系良好班级生态、保证教学目标高质量完成，实现教学相长的迫切需要。

具体来讲，民主、融洽、和谐的人际关系的建立，依赖于以下几个方面：

第一，要注重同窗关系的建设与维护，其中要能够秉持"民主、融洽、和谐"等原则标准。首先，必须要做好自己，事物的变化过程由量变到质变，所以说我们在日常生活中要能够着眼于细微之处，具备敏锐的观察能力和自我审视与反思能力，即发挥意识的能动作用，确定一个与他人相处的目标，认知与改善自己的不足，做人做事不可极端，要相互包容与理解，具有以诚待人的品质，在交往中获取别人的信任等。其次，要给予同窗更多的关爱与包容，要想被人爱，要先学会如何去爱别人。在与同窗相处的过程当中，既要正确审视自己，也要用欣赏的眼光去看待他人，多肯定他人，在和睦相处、相互尊重、互相信任中彼此为伴、共同进步。切不可用自己的主观意念及价值去衡量别人，要能够博采众长，不断丰富和提升自己。另外，在他人遇到困境、遭遇失败的时候，要给予安慰和帮助，使他们心灵上获得慰藉，行动上更有力量。

第二，要注重师生关系的建设与维护，其中要能够秉持"民主、和谐、融洽"等原则标准。在学校，师生关系既是最为重要的人际关系，也是最为根本和最为活跃的人际关系，对教育的过程及结果，师生情感的接近，彼此心灵的共鸣、知识的启发及能力的培养等，都具有非常重要的作用。作为教师，特别是班主任，要严于律己、身正为范，要给学生树立良好的模范标杆，注重言传身教，用自己的实际行动去影响带动学生，把自身置于班级的民主管理中，为人师表、身先士卒；要与时俱进、更新观念，要以博大的胸怀去宽容学生的错误，主动地去发现和承认自己教学管理中的问题及不足，要坦诚地承认自己的错误和问题，以此散发出人格魅力，使师生之间达到心心相通，心通则理达、理达则意行、意行则见效，德育工作成效则更有保障；要直木做梁、弯木做犁，正所谓因材施教，很多学生缺乏的并不是先天资质，而是后天有效的引导。所以，班主任要在充分了解学生情况特点的基础上，寻找德育"知、情、意、行"的教育规律，紧抓思想教育，能够循循善诱，促进入脑入心，促进和带动学生向更好的方向发展。

第三，班主任与学生家长同样要建立"民主、融洽、和谐"的关系。一方面，要坚守原则，特别是在教育理念发生冲突的时候，不可盲目迎合。比如，当有些家长过度关注孩子成绩，甚至为追求短期教育成果，向教师提出不合理要求，有违学生学习及成长规律时，班主任要理解学生家长，但也要坚守教育的原则，与家长耐心细致地沟通，疏导与扭转他们的观念。另一方面，要建立多种渠道，加强联系沟通，生成紧密的家校关系。除电话、信件、邮件等传统手段之外，还可以应用微信、QQ、教育互动平台等新媒体方式，架起家校联系与沟通的稳固、通畅的桥梁，基于家校联系来促进家校合作，用心营造一个良好的家校关系，使教育更成熟、更有效。

四、无痕教育的内化机制与实施

所谓无痕教育理念，就是回避明显的教育目标，通过迂回曲折的方式，将教育的思想与知识传递给学生们。无痕教育不仅可以极大程度上减轻学生的学习压力，也能够通过更为间接、隐蔽的方式去高质量地实现教学目标，基于润物无声的渗透，加强学生对知识的理解以及学习能力的提升。

第一，可以将班级文化与班级生活相对接。无痕教育并不是刻意地去躲避，也不是消极应对，其有着特殊的规律和形迹。通过巧妙的渗透，来以学生更喜欢和更能够接受的方式，去实现润物无声的效果。目前，很多班级文化比较单一，而且极具目的性，这样会无形之中增加学生的压力。相对应来讲，如果基于无痕教育理念，将班级文化与班级生活相对接，往往能够取得良好的成效。比如，在落实团结文化中，相较于繁杂的规章制度，如果能够落实于实践活动，以郊游、研学等方式让学生参与体验，更能够收获意想不到的效果。第二，班级文化建设要符合学生的认知规律。无痕教育是一种智能的、高阶的教育手段，突出顺势而为，从学生客观认知能力出发，加以巧妙且有效的引导，实现问题的迎刃而解。相较于传统的单项灌输的方式，无痕教育更容易被学生接受和认可。对此，在班级文化建设中，为突出拼搏进取的理念，单纯喊口号是远远不够的，对此可以组织开展系列分组式的竞赛活动，让学生通过具体可感的竞争实践，来深入认知与有效养成拼搏进取的精神。第三，班级文化建设要注重师生沟通。在无痕教育理念指导下，班级文化从建设到践行，都要由师生共同参与，采用民主讨论与合议，共同制定和确立方法，共同遵守和践行。

第四节　梦想班级集体建设的案例

【案例1】如何组建班级班委会

"望闻问切"公平公正组建班委会

大连南金实验学校　丛凯伦

班委会是班主任实施班级管理的左膀右臂，可以实现班级事项的上传与下达。可以说，作为班集体领导核心的班委会，对班集体的形成与稳固有十分密切的关系。当然，班委会队伍状况也直接影响一个班级良好班风与学风的形成。

首先，是组建班委会的前置工作。为合理有效地组建班委会，身为班主任的我利用一切机会发掘人才。具体来讲，我一方面"望、闻、问、切"，做到心中有数。借助中医诊疗"望闻问切"的方法，来进行班委会建设工作。所谓"望"，就是密切关注班级上的每名学生，做到眼观六路，全方位地了解学生情况，特别是有的班主任接手新的班级，需要基于"望"来尽快地了解学生，对那些表现突出的学生，要暗记于心，作为选定班委会成员的重要参考。所谓"闻"，就是能够听取来自各方面的消息，做到耳听八方，通过与同学们的交往与互动，倾听他们所述说的"历史过往"与"内在心声"，特别是那个已"望"在心、表现突出的学生，看看他们谁是自己中意的好帮手。所谓"问"，就是多询问、多打探，看看谁有意愿担任班干部，谁担任过班干部且是否"政绩"突出等，通过交谈，初步掌握学生的主观意愿及客观能力。所谓"切"，就是实施试点考核，看看考察对象能否胜任班委工作，能否赢得学生们的认可，能否维护与保障班集体的利益，是否有助于班级团结与稳定等，为班委会正式成立做准备。另一方面，我则开展"公平、公正、公开"的竞选。所谓"公平"，就是大家都享有同等的机会，虽然通过对学生的了解，我心中已有重点对象，但仍然要给每名学生平等的机会，任何想要展现能力与才华、贡献力量与智慧的同学，都有平等争取的机会。所谓"公正"，就是严格按照事先确立的科学合理的选择原则来进行，让每名有意愿参与的学生都有充分表达和展现自己的机会。所谓"公开"，就是公开选人标准、公开选举流程等，杜绝同学们对暗箱操作的疑虑。基于以上原则方法，才能够选出优秀的、能胜任的班干部，才能够使学生信服，才有助于班级工作的顺利推进。

其次，班委会成员及职责的设置。我们班采用"五位一体"的班委会成员结构，涵盖了班级管理的各个部分。一是常务班长，协助教师负责班级同学德、智、体、美、劳各项活动的实施，指挥与组织班委会成员开展工作等；二是团支部，设团支部书记、宣传委员各一名，团支部书记负责共青团全面工作，宣传委员负责团员活动与好人好事宣传工作；三是班委会委员，设学习、生活、体育、文娱、卫生委员，分管各方面；四是值日班长，用来维护课间纪律，协助各委员完成班级事务与管理；五是科代表，完成教师委派的任务，做好科任教师与学生间的连接与沟通工作，发挥应有作用，提升教学成效。

【案例2】如何践行班级自治管理

如何践行班级自治管理

大连南金实验学校　王晓辉

叶圣陶说："教育是农业而不是工业。"农业，是根与叶的事业，是花与果的期待。我非常喜爱这份与生命相遇的工作——教师。作为班主任的我们，可以在自己的一方天地营造"局部的春天"，营造属于自己的"梦想教室"，这里有姹紫嫣红，这里有鸟语花香，这里有莺歌燕舞。

班级是孩子的第二个家庭，当孩子踏进这块小小的天地，就开始过上了细水长流的班级生活。孩子们的吃喝拉撒、坐立行走、学习玩耍、人际交往、处事方法，都在细细碎碎的班级生活中一一体现。在这样的班级生活中，教师何事何为，何时可为，值得我们深入研究。英国的教育学家斯宾塞认为教育的目的是为未来生活做准备，他在《教育学》中指出："记住你所管教的应该是养成一个能够自治的人，而不是一个要别人来管理的人。"而班级自治管理，就是通过班级岗位建设，在学生参与班级事务承担过程中提升其领导力，促进学生在多种角色体验中、多元人际交往中获得个人发展。定岗定责的班级管理方法不是什么新鲜事物，但在我们南金实验学校却不断升级，常用常新，大有一股将"自治管理"进行到底的势头。

在我校进行自治管理的过程中，以下三个版本，充分体现了践行自治管理的历程。

一、基础版：岗位设定，自主申报，点燃孩子的热情

为了充分调动每个孩子参与班级工作、为同学服务的积极性，开学初，班主任利用班会课与同学们一起设定班级岗位，为了方便管理，利用思维图的形式呈现，班级设六个部门：学习部、卫生部、宣传部、生活部、纪检部、体育部，每个部门下设多个具体岗位。然后让同学们自主申报，如果某项工作只有一位同学申报，就由该同学负责；如果某项工作有多位同学申报，则由这几位同学在班会上陈述申报理由，谈就职计划，由其他同学投票决定。落选的同学，班主任要及时把握这些孩子的心理动态，进行"地下"动员，引导他们先对照岗位职责进行自我分析，找出个人优势，如果个人某些方面还有些欠缺，恰恰可以作为个人发展目标提出来，进行自我反思，提出具体的改进目标。同时，班主任要善于借力，可以通过与家长沟通，让孩子得到更多的支持与鼓励，从而提高竞选的热情。岗位申报与竞聘的开展，实际上是学生最好的自我反思和自我促进提高的过程。通过将这一环节细致开展，才能真正地落实"人人有事做，事事有人做"。

以学习部为例，这个部门下设语、数、英三个科代表，每个科代表配备多个小助理，如语文科代表就有三个助理，这主要依据班级语文学

科学业情况配置。我们班级语文作业主要有以下内容：《写字练习》、课文预习本、作文本、日记本、听写本、单元测试卷，这三位助理的主要职责是每人负责两项作业的收发、预检，及时向语文课代表汇报数量、总体质量，特别是要督促、辅导个别写作业速度慢的同学及时完成作业。

再如卫生部，一名部长配有三名卫生委员，分别负责早、中、晚指导值日同学完成值日工作，协助卫生部长检查各个小组的值日情况。此外，其他部门也是如此安排。这样各部门分工明确，便于管理，不仅提高孩子工作的积极性，而且引导孩子养成既明确职责，又相互合作、相互帮助的工作氛围。

二、升级版：从"心"出发，构建关系，触动孩子的心灵

班级自治管理，旨在突出学生在制度建设中的主体作用，当然离不开班主任的宏观调控及过程推进。不同年段，班主任的角色使命不同，小学低段班主任是教练员，侧重于引导学生逐步树立主动参与意识，小学高段和初中则是陪练员，陪着学生一起面对复杂的班级问题，在必要时"出手相助"，让学生在参与自治管理中提升参与意识和解决问题的能力。

温情有效的班级制度建设的心理基础是安全、信任的班级氛围，作为班主任要有意识地在班级日常生活中营造相互关心、理解、信任的师生关系。

（一）静心倾听

在班级管理中每周会有一次班级议事，给予学生充分表达自己观点的机会，即便有的学生观点相悖，班主任也能和全班学生一起静下心听他的真实想法。道家认为"静能生定，定能生慧"，可见，教育孩子心静是多么重要，只有心静了，情绪调节好了，我们教师本身所具有的智慧自然显现，局面才不会失控。

（二）学会理解

学会理解孩子，如果我们能设身处地地去理解孩子，就会发现孩子所谓的"问题"表现可能很正常。试想如果那是我的孩子，如母亲般去理解、宽容、接纳，沟通的秘诀在于先理解和肯定对方，唯有理解，才会以开放的心态期待绽放，才能在班级管理中找准定位。

（三）加深信任

班主任要言必信，行必果，既要让学生感到老师的威严，又要加深信任。

（四）善于唤醒

善于发现学生的优点，肯定他们的优点，让学生感到老师对他的肯定与认可，唤醒学生的自信，让班级自治管理由内而外地怒放。

三、综合版：民主治班，持续落实，提高学生自制能力

相对于以往独立完成岗位工作，班级的岗位工作不是单打独斗，它需要各部门同学团结协作。每周的班会课上，小组负责人都要简要总结本周小组成员完成岗位工作的情况，并接受全班同学的民主评议。所以，每个部门的每个成员在完成岗位工作的同时，也有责任提醒、帮助其他同学做好工作。同时，这些委员、代表的工作表现也作为选拔新的干部、安排合理岗位提供了良好的渠道。

为了让更多的同学得到锻炼的机会，班长、部长不连任，一学年竞选一次。而那些做过班长的同学由于对班级管理工作熟悉、能力出众，我则聘请他们为班主任助理，和我一同指导新上任的各部长。这样一来，班上的同学都有各自的岗位、自我锻炼的机会。孩子们的工作能力是在工作中培养出来的，定岗定责，他们各尽其责又相互协作，共同创造了和谐有序的班级生活。

著名诗人泰戈尔说："不是槌的打击，乃是水的载歌载舞，使鹅卵石臻于完美。"班级管理亦是一门值得我潜心研究的课题，管是态度，理是方法，爱是桥梁，让我们以积极的态度、合理的方法、满腔的热情，管理班级，做到以情动心，以心促行！

【案例3】如何建设学生的自我管理体系

浅议学生自我管理体系的建设

大连南金实验学校　韩　琳

2016年9月，我国公布了学生发展核心素养，以培养"全面发展的人"为核心，分为文化基础、自主发展、社会参与三个方面的素养。作为教师，我们不仅要教授文化知识，更要培养学生自主发展和社会参与能力。自主发展，重在强调学生能有效管理自己的学习和生活，认识和发现自我价值，发展成为有明确人生方向、有生活品质的人。社会参与，重在强调学生能处理好自我与社会的关系，养成现代公民所必须遵守和履行的道德准则和行为规范，增强社会责任感，发展成为有理想信念、敢于担当的人。在学校德育教育中，班级是德育教育的第一线。作为班主任，我也在探索培养学生自主发展和社会参与这两方面素养的有效策略。在不断学习和实践的基础上，我认为，班主任要先明确班级德育工作的核心目标，在班级德育目标的指引下，打造学生自主管理体系，有利于班级各项德育工作的开展，也能充分锻炼学生的自我管理能力。

在过去班级管理工作中，我重说教，少活动，学生没有自控能力，也没有养成自觉学习和遵守纪律的习惯。到底是哪里出了问题？我到儿童教育书籍中找答案，到教育家的著作中学理念，到知名班主任的带班录中学方法，才发现，曾经的自己就是那个披着自由与尊重的外衣，却没有给学生助力，还要求学生自己努力，向着高不可及的目标去奔跑的"口号式老师"。我给予学生更多的自由，却忽视了小学生低年龄段的特殊心理特点，孩子年龄小，自控力差，没有培养好学生的自控力就给予随心所欲的自由，这自由犹如洪水猛兽，严重影响孩子习惯的形成和知识的积累。我给予孩子更多的尊重，但孩子还没有明辨是非的能力，有时这种尊重却变成了纵容。经历了四年的教学实践，我明白了自由与规则要协同并行。没有规则的自由只会导致散漫，而没有自由的规则又会禁锢孩子的精神发展。如何平衡，这需要老师的智慧。然而过去的我，没有意识到教育的现状、家庭教育的重要影响，没有把握好自由和规则的平衡点，导致学习自觉性差的孩子更愿意钻空子，在学习上变得更加懒惰。如果我把规则制定好，奖惩分明，配合口头教育和同伴影响，教育的效果会不会更好呢？针对这样的疑惑，我重新梳理学生自治体系，用科学的方法代替没有规则的自由。

每天面对50多个不同类型的孩子，每天层出不穷的小状况、小矛盾，这让我不禁思考：如果一个人，不能跟周围的环境（自然环境和人文环境）和谐相处的话，他能够得到环境对他的良好反馈吗？如果一个孩子没有良好的人际交往，没有积极的态度，他能够完成好学业吗？想到这里，我觉得应该让孩子"做一个受欢迎的人"，从遵守公共秩序、爱护环境设施、认真学习思考、真诚友善待人这四个方面入手，培养孩子的基本生活习惯和学习方式。在四人小组内，依据孩子的特点，设置纪律组长、卫生组长、学习组长和作业组长。在征求孩子意愿的基础上组建小组，让每个孩子在小组内发扬自己的优长，在他担任组长的那个方面成为小组内的榜样，以同伴教育的方式，对小组内成员行为产生正面影响。纪律组长负责督促组员上课不乱讲话，课间和午间小声交流。卫生组长负责监督书本摆放和地面卫生。学习组长负责组织小组讨论或检查背诵等学习任务。作业组长负责每天收齐小组作业在每天的夕会中，由各个小组长组织，小组成员都要互相做出评价。在小组成员相互学习的过程中，教师引导学生学会反思自己，真诚待人，学会合作，在积极的氛围中形成舆论监督。把教育目标和孩子的生活紧密相连，才能让教育目标落地。

班级在学生自主管理的模式下，同学之间互帮互助，共同努力进步。除了小组管理以外，我还在班级设置了各种岗位，为每一个孩子安排一个职务，让学生有事可做，为他人服务。学生在完成每天的学习和自己的岗位职责后，都会收获满满的成就感，感受到老师和同学们都需要他，感受到自己的重要性。我相信，拥有积极人生态度的孩子一定会逐渐进步，这也是班级学生自治管理的最大优势。

【案例4】如何以制度、规则规范或制约学生行为

我的班级评价制度

大连南金实验学校　刘婷婷

巴金曾说过："孩子成功教育从好习惯培养开始。"人的成功不是拥有超人的智慧。成功的捷径，恰恰在于貌似不起眼的良好习惯。而对学生进行正确的评价，能够对学生产生有效的激励作用，从而帮助孩子们养成良好的习惯。班主任要树立正确的评价理念，从而体现教育的发展性和激励性。

下面我就来谈谈刘禹锡班（二年八班）的班级评价机制。班级制作印刷了积分卡，有一分、二分、五分和十分。

一、奖惩制度

（一）学习方面

1.早读。早读时间能够做到认真指读、坐姿端正、声音较响亮，得一分积分卡。如果遇到进步的孩子，如以前总东张西望，现在能够坐姿

端正，跟着指读可得二分积分卡。

2. 课前准备。每节课课前按照课程表摆放好学习用品，可得一分积分卡。（这项采取抽查，每天抽查两次。）

3. 课前表现。上课预备铃声响后，马上进课堂坐好，跟随领读小负责人齐背当天的国学内容，这样做的同学可得到一分积分卡。

4. 课堂听课。课堂上认真听讲，善于倾听他人的发言，积极思考，大胆表达自己想法的同学可得到二分到十分不等的积分卡。比如，为了培养孩子的专注力，我特别重视学生善于倾听他人发言的好习惯。通常的做法是：同学 A 回答了一个问题，老师马上追问："刚才 A 同学说了什么？谁能来说说？"如果 B 同学能够完整地说出来，可以得到五分积分卡。如果 B 同学以前上课注意力不集中，而这段时间课堂听讲有进步了，就可以获得十分积分卡。这样极大地调动了学生的学习热情。

5. 作业。认真按时完成老师布置的作业，如写字练习，做到字迹工整美观，可以得到"你真棒"的评语，书写比之前有进步的孩子可以得到"进步了"的评语。数学书当天练习题全部正确的孩子可以得到"数学小达人"的评语，而做题质量比之前有所提高的孩子会得到"认真小能手"的评语。

6. 测试。每日的词语听写、口算、竖式等小测验，全对的孩子可以得到二分积分卡。

7. 读书。每日累计读书时间半小时，记录在"阅读存折"上。家长监督签字。一个月一统计。坚持天天认真阅读的孩子，可以得到十分积分卡。

（二）纪律方面

1.早自习和课间休息时间。在教室内认真做早自习作业或者认真阅读的孩子会得到二分积分卡。如出现的大声喧哗现象，要扣掉五分积分卡。

2.在教学楼内能够做到排队右侧通行。如出现乱跑说话的现象，会扣掉一分积分卡。

3.中午打饭能够做到有秩序排队并且保持安静。值日班长会评选三到五名做得棒的孩子，发放一分积分卡。发现说话等现象，会扣掉一分积分卡。

4.放学在走廊安静、有秩序排队。出现讲话等现象会扣掉一分积分卡。

（三）卫生方面

1.每天中午放学后，地面清扫干净的小组，每个孩子都会得到二分积分卡。

2.每天的值日工作。安排两个小组进行值日，全班同学根据两个小组值日时间的长短、干净程度，评选当日"值日明星组"，当选组组内四个孩子都会得到二分积分卡。

二、换卡制度

写字练习和数学书上累计二十个奖励评语的，可以兑换十分卡。每名学生都有一个"积卡袋"，该袋子的功能是收藏老师奖励的积分卡，一旦积分累积到五十分，可兑换一个心仪小礼物。每周五中午是换卡、兑换礼物的时间。

我结合孩子们的年龄特点，用奖励的方式，正能量地鼓励着每一个孩子，制定独特的评价机制，一套跟踪式的评价手段，调动了孩子们在学习、卫生、纪律等方面的积极性。我还将班级划分为十二个小组，每组的发言情况、听课状态、地面卫生、课间纪律、午间时光等方面都进行每天一评分一总结。获胜组每个孩子都将得到一张五分积分卡。每天在各方面表现进步的孩子，老师也一一做好记录，每周五进行民主评选"进步个人奖"，而每个孩子的积分卡攒够五十分，就可以去老师那里进行"幸运大抽奖"，获取一个自己心仪的小礼物。

有了这一套完整而独特的评价机制，班级里的孩子们只要稍微努力，都会得到相应的奖励。科学有效的评价与激励，才能让学生们更快地养成良好的习惯。

【案例5】如何以文化育人

以文化育人，创幸福集体

大连南金实验学校　程　悦

本学期我担任九年一班班主任，过程中酸甜苦辣咸五味俱全，在此记两件感触颇深的小事。

一、让孩子在集体中感受幸福

每个班总有学习好与学习不好的学生。学习不好的每每因学业成绩而遭受批评，很难有幸福感，特别是班级倒数的学生。我们班就有这样一个学生。

有人说，优秀是一种习惯。同样地，"差"也会成为一种习惯。他被别的同学嘲笑为"傻子"，自己却习以为常。每每考试，稳稳垫底。上课似乎与他无关，活动缺他也完全可以，在班里活成了小透明，习惯了与他人的不一样。

在本学期的课堂上，他迫于来自我这班主任的压力，对于所学科目不得不拿起笔装装样子，书写两笔。体育竞赛，他依旧找各种借口拒绝参加，借口之一是腰坏了。于是我以伤筋动骨一百天为由，拒绝了后续他身为体育生的各种训练，孩子为此大感头疼，不得不坐在教室里。慢慢地，他开始适应了班级的整体作息时间。课堂上，虽然基本还是听不懂，但开始主动记笔记了。科任老师需要搬教具、收发作业本，他都能主动帮忙。再有体育活动，因为他记得之前的惩罚，力所能及的他也主动出战了。期末他的成绩也从学校四百多名变成了前四百名。

放假前一天，他乐呵呵地向我跑来问道："老师，你说我有进步吗？"他感觉自己是被班级需要的了，他不再是那个"特立独行""与众不同"的了。

对于学生而言，幸福就是这么简单。每一个学生都值得拥有。

二、让孩子在集体中感受公平

在我的印象中，公平是弱者所需要的。对于班级的佼佼者，这都无所谓。但是开家长会那天晚上的一通电话，改变了我的想法。

这通电话来自年级前五十的一位家长，她致电的主要意图就是表达感谢。

家长说，孩子在家时常和她沟通在校情况，包括班级的大事小情。有一次，她听完一件事的经过后，不禁向孩子夸赞道："你看，你们老师对你真好。"令她没想到的是，这句话当即遭到了孩子的反对，孩子说："不，妈妈。老师对我们都好。老师不会偏向任何人，老师很公平。"家长说，孩子的这句话令她很震撼，从小到大她的儿子一直是班级优秀生。身为家长，她别无他求，只希望老师对自己的孩子好就行，至于是否公平，她并未在意过，她未曾想过"公平"在孩子的意识中如此重要。她感谢我给孩子们做了个良好的榜样，为孩子树立了正确的价值观，在教会学生知识的同时，也把他们培养成了一个正直的人。

当老师这些年，在家长中收获了很多赞誉，或真心或假意，大多数都是对孩子成绩提升的夸赞。在分数至上的今天，我们往往忽略了"人格"这一隐性的表现。是啊，孩子的眼睛看世界是最真实的，身为班主任，如果我没一碗水端平，对于成长中的他们这将是多大的伤害，结果不敢想象。其实老师的一举一动，孩子的眼睛都在看着，而他们不论优秀与否，都值得我们尊重，值得我们平等对待，我们是帮助他们筑梦的人，责任重大。

两件在班级管理中看似微不足道的小事，处理好就能增强学生的凝聚力，淡化班级部分学生的边缘化，强化班主任的指导力，让整个集体中的每一分子沐浴公平，同享幸福。孩子们在成长路上学会平等爱人，守望幸福。

【案例6】如何以班级文化为导向引领学生发展

以班级价值观为导向引领学生的发展

大连南金实验学校　包东宇

人类拥有社会性，任何一个集体中的个人都会对集体产生认同和依赖，在这个互动过程中，集体所表现出来的价值取向和集体风格会修正学生行为。基于此观点，要塑造一个学生的精神世界，规范一个学生的行为方式，就需要为他营造一个能诱其向善的生长环境，以正确的价值观为导向引领培育学生良好的品格。

一、确立正确价值观，制造正确宣教氛围

每个班级的班风、班训、班规都会因其具体条件而各有偏重，但其根本都是"以爱为核心，以德为根本"。作为子沐班的班主任，我希望我的学生如庄子所说：逍遥致远，知其无涯而孜孜以求。在道德建设方面，我更加倾向于塑造他们的道德认同感。凡事有其理，善恶分两面，放下口中的夸夸其谈，落实在自身行为的具体之处。

2019年的国庆节前夕，我在9月30日的下午组织了一次班级清扫，对班级的地面、窗户等处进行了彻底卫生清理。因为假期将至，学生们热情很高，劳动也卖力，出色地完成了清扫任务，然后就是常规的夕会，放学。在全部同学撤出教室放学后，我回到班级，发现在这短短几分钟夕会时间里，原本干净的地面上出现了个别纸屑，水槽中出现了刚

才清扫的耗材，过道间出现了演算纸。可以还原一下当时的情形，劳动结束，马上要迎来一个小长假，同学们心中欢喜且焦急，在收拾书包的过程中，这种情绪会淹没了原本应该按部就班完成的收尾工作，"放假、游戏"在他们的此刻意识中占据了首要位置。在这种情绪的催化下，日常的规范行为在此刻就显得累赘且多余，故而出现上文所述的种种状况。学生在日常训练的过程中会养成一些好习惯，这些习惯经得住日后的各种诱惑和考验即为美德，经不住就堕落成了"形而上学"。鉴于此，我在第一时间于班级群中拍照说明，强调问题严重性。在这个过程中，我没有点名问题同学，只是强调现象与道理。11月8日学生们返校后，我第一时间处罚了当事同学。

德育工作是个漫长的过程，是培养习惯、塑造价值观的过程，就此类事件在班级范围内予以正面干预是可以起到积极作用的。当然，这种作用并不能一步到位，就是俗话说的"改了再犯"。但是在一遍遍的重复与强调中，班级的价值观便会慢慢形成。

二、班级的风气建设是价值观塑造的重要组成

学生是发展中的人，在发展过程中，他们的社会经历、家庭关系、社交成分等因素都会影响其发展。不可否认的是，在没有教育干预的条件下，不良的、劣质的、低效且惰性的习惯更容易被学生所接受。学习是一种脑力劳动，要付出汗水与辛苦，相比之下，娱乐至上、自由散漫则更容易吸引学生。即为经济学中所说的：劣币驱逐良币。而且这种风气极易在班级中蔓延和传播，并引以为潮流。

　　初冬的时候，学生们渐渐加衣，随着衣着的复杂，原本一目了然的一些东西也会被隐藏起来。一天下午我发现我们班的一个女生手腕处裹着几层纱布，由于被衣袖遮掩着看不真切，我就要求她把手腕露出来并询问她发生了什么。该生一直没有说话，但是当她把胳膊露出来后，我发现她手腕处有一道红油笔画的"割腕伤痕"，并用红色水性笔在纱布处描绘出了血液浸透的情形，营造出了一种自己颓废、受伤的形象。据我了解，该生父母离异，且母亲在外地工作，她跟外公外婆一起生活。这样的经历，应该给她的内心造成了伤痕感，这种伤痕感被她错误地认知为是一种"酷"，她需要用这种"割腕伤疤"来标榜自己的与众不同。对于这种学生，作为教育者无法改变学生的家庭现状，但是却可以告诉她什么是不对的、为什么是不对的。在与其交流后我将这个情况通知了家长，家长很意外孩子的这个行为。在长期异地而居的环境下，很多成长不是电话能监督和陪伴的。

　　就在我以为这种风气就此遏制住后的几天，我们班级成绩最好的女生也在自己的手腕处画上了这种"伤疤"。在对其询问后我发现，她说得最多的一句话是"某某也画了"。这种行为便是我所说的"劣币驱逐良币"与"风气的弥漫与传播"。在没有这种暗示的条件下，学生们会更加认同"身体发肤，受之父母"不能轻易损伤的观念，但是当有一个契机让他们接收到另一种方向的表达和解读时，这种劣质思想会如病毒般快速传播。为此我专门开了一次班会，主题强调：当你不爱惜自己身体时，别人也一定不会爱惜你。向学生明确，这种"非主流"的行为并不酷，而且十分愚蠢，遏制了孩子们这种幼稚的盲从。

三、事涉底线不可回旋

学生是聪明的，是高情商的，是会撒娇的。在与学生相处的很多时候，我们很难一板一眼，形如夫子。况且随着民族觉醒与民主深入，学生的独立思想越发强大，我们不能再以传统的"为师为父"思想统治学生，要尊重他们的独立性和整体性。但是这并不意味着一味纵容，有些事涉底线的行为，一定要雷厉风行，不可回旋。

某天中午，我们班级发生了一件突发事件，一个女生突然流鼻血不止。作为班主任，我第一时间联系了校医，同时出于学生心理和避免尴尬角度的考量，我把学生带进女生水房进行清理，但恰恰是这个决定造成了一个更加让人啼笑皆非的结果。当我在水房为学生清理血迹的时候，不时有我们班级的同学跑到水房偷窥，然后哄笑着跑回班级宣扬"男老师进了女卫生间"之类的低俗笑话。在这个过程中，并没有人去关心患病同学的心理变化，同学们的笑声和窥视仿佛是在看一场闹剧，荒诞且无知。在处理完这位同学的症状后，我怒发冲冠地回到班级，声色俱厉地批评：此时你应该关心的是你朝夕相处的同学，而不是一个恶俗的笑话！因为这证明你是一个有血肉的人！就此事我也专门开了一次家长会，在会上我提问各位家长：能不能想象这个过程中自家孩子的形象和心理？是不是和你认识的那个善良的孩子有点出入？当一个人生病时，战胜生理不难，可是心理寄托呢？你身体不舒服的时候会希望四周都是欢声笑语吗？！当时情况下，没有同学关心慰问，没有同学忙前忙后，这是一个什么班级氛围？这是一个什么同学关系！十一岁的孩子，面对弱者居然这么冷漠！没有同情，有的反而是欢声笑语！这是一个五年级孩子该有的品质和品德吗？

我在想是否有些家长和学生会觉得我小题大做，但是我认为当时学生的行为已经触及了一个学生甚至一个人的底线，当你对周遭人的苦难冷漠视之，那么别人也会同样待你。如同后来我在班级群中总结的一般：有谁希望自己的孩子来到班级没有一点儿人情味，只有冷冰冰的同桌关系呢？一个班级五十三个人，如果每个人都怀揣爱心，那就是五十三个太阳，每个身处其中的人都会收获五十二份温暖。如果我们每个孩子还是现在这么冷漠的状态，那这个班级也没什么存在的价值了，也没什么值得自豪的了。我不提那些"班荣我荣"的场面话，就请各位家长想一想，你的孩子进到班级，四周都是一群没有人情味的机器，你怕不怕？想收获温暖，那就把自己先变成太阳。

在这次"借题发挥"之后一个多月，我们班级的一个同学因为流感突然呕吐不止，由于当时我有课，后来听当堂老师转述，很多同学第一时间帮忙清理，准备热水和消毒。这种意外的考验，我当然希望最好不要出现，但当类似的事情发生的时候，我们需要有所担当，有所作为。

小学高段是学生们步入青春期前的最后一程，在这个时期，我们要为他们的成长做好准备，为他们价值观的成型创造条件，随着孩子们慢慢长大和成熟，他们终有一天会具备明辨是非的能力，过多的宣教固然乏味，而以班级价值观为导向引领学生的发展才能事半功倍。

【案例7】如何组建班级家长委员会

如何组建班级家委会

大连南金实验学校 潘 楠

孩子的教育，离不开学校和家庭的共同努力。只有将家庭教育与学校教育有机结合起来，让家长们了解并参与孩子的校园生活，才会取得事半功倍的效果。通过组建班级家委会，联合家长的力量，让家长们更加了解、支持并参与教学工作，共同为孩子们创造一个良好的学习及成长环境，更好地服务于学生的学习生活。那么，如何快速有效地组建班级家委会呢？通过以下四个主要问题的解决，我来回答这个问题。

首先，要弄清楚哪些人适合参加家委会。在与学生家长初步接触中，我们了解到了不同的家庭情况和人员情况，其中有的学生家长平日里忙于自身工作，很少有闲余时间；有的学生家长比较沉默寡语，并不愿意过多与人交流；有的家长组织协调的意识及能力表现不足；等等。显然，这样并不符合我们家委会成员的选用标准。相对应来讲，那些闲余时间较多、热情大方、组织协调能力良好的家长，则是我们的重点关注和选拔对象。

其次，如何动员家长进入家委会。对此，我们采用了如下几种方法。比如，利用新学期的家长会，班主任通过讲解与号召的方式，指导学生家长充分认知班委会的基础上，鼓励他们通过现场报名的方式参与家委会。私下里，给心仪的家长做动员工作，耐心听取家长想法并交换意见。有的家长比较谦虚，则通过下发表格或微信，详细列明各个职位的职责要求，再由家长根据自身的特长偏好等，相应地选出适合自己的岗位。

再次，怎样给家委会成员安排任务。安排任务之前，我们先进行了家委会成员的岗位设定，根据需要设置了如主席、副主席、总务、出纳、联络员、活动组织员等岗位。之后，组织家委会成员开会，经讨论一致后，制定并通过了章程及计划等，大家根据既定的规划步骤去开展工作。当然，还要详细明确家委会成员任务，我们制定了如"定期听取学校工作计划及总结介绍""宣传学校教育理念""指导学生家长开展家庭教育"等方面的内容。

最后，如何确保家委会的有效运转。我们积极引导家委会工作的实施，包括开学初的班级布置、班级里的各项后勤保障、学校里的大型活动等，都会让家委会积极有效地参与进来，激发家长的主动性和能动性，使他们葆有热情和信心。另外，还会定期组织开展优秀家委会成员的评选，既肯定他们的工作成效，也激发他们的工作积极性。

总而言之，如何快速且有效地组建班级家委会，是家校合作走向成功的关键和前提步骤。结合我们所积累的有益经验及做法来看，在组建班级家委会的过程中，做好对象筛选、宣传动员、任务安排、实践指导等是工作的重点与难点，值得深入研究与探索。

【案例8】如何发挥家长委员会的作用

如何发挥家长委员会的作用

大连南金实验学校　丛凯伦

良好的班集体建设不仅需要老师的辛勤付出，还需要家长的大力支持。创建家委会能够不断地加强老师与家长之间的沟通交流，推动班级文化建设，促进学生良好学习习惯的养成，使得班集体的各项工作高质量地完成。

家委会成员在教师的引导下，积极参与班级中的各项工作与活动。通过家长的参与，家长能够更加深刻地体会教师的辛劳，理解并尊重教师的日常付出。例如，班主任为了能够让学生养成良好的学习习惯，也方便家长及时地了解学生每天在学校的学习、纪律、卫生等方面的情况，制定了荣誉本评价方法，每位学生准备一个A5大小的笔记本，家长将奖励小粘贴贴在相应的位置，当学生第一次出现不规范行为时，会口头提醒，第二次会将小粘贴圈起来。在一天的学习结束后，小粘贴没有被圈起来的同学每天在微信班级群中接龙消息，家委会成员则负责记录，并且每周总结一次"周冠军"，每月总结一次"月冠军"等，并将记录总结好的表格发送给班主任，为班主任节省了很多的时间，使其可以更好地进行日常教学与管理工作。

班主任在进行班级活动设计时，及时地咨询家委会的意见，家委会积极参与到活动中来，并占据着重要的角色，活动的设计、所需素材的准备以及后勤工作离不开家委会的参与。例如，家委会进行精心策划、班级顺利举办庆元旦联欢会，将全班同学进行分组，为每组学生进行节目的编排，通知学生的家长来进行观看，并做好人员登记，家长与学生共同度过一段美好时光。再如，开展家校共育主题活动时，家委会成员中有心理咨询师，充分发挥出其自身优势，运用心理专业知识，帮助班级中家长解决在教育孩子过程中遇到的困惑，并为家长推荐相关的书籍与文章等进行阅读和学习，还可以在班级群中分享自己的感悟，家长们围绕着家庭教育与心理教育相关的话题进行讨论，有效提高家庭教育水平，促进家校共育。

家委会是家长们与班主任共同推选组建的，在家校共育、家校沟通过程中发挥着纽带的作用。部分家长对学校的教育工作了解不全面，因此导致家校之间矛盾的产生，家委会便可以发挥自身"调解员"的作用。例如，有的家长对老师的教育方式存在异议，想向老师提出意见但是不方便或者不好意思，又担心自己孩子在学校受到不平等待遇，因此很纠结。那么这时候家委会就可以充分发挥自身的调节作用，家委会与班主任、家长分别沟通了解情况，对双方进行说服工作，一方面向老师说明家长存在异议的地方，以及家长心中的顾虑；另一方面向家长说明老师教育方式的意义，最后双方通过综合考虑，老师适当地改进教育方式，家长消除心中困惑与顾虑，有效地化解了家校矛盾。

新时代教育是开放式的，实施家校共育，共同促进学生生理与心理的健康成长，家委会充分发挥自身的作用，推动文明、和谐、友爱班集体的建设。

【案例9】如何创建良好的班集体

创建良好的班集体

大连南金实验学校　潘　雪

班级是学生最基本的学习单位。创建良好的班集体，开展班级特色活动，有利于学生身心健康的发展，并且能够有效挖掘出学生的优秀潜能，更好地开发学生的创新精神与实践能力。关于良好班集体的创建，我觉得可以从以下几个方面入手。

一、拟定班规，树立优良班风

一个班级的组建，首先要管理好班级纪律，形成积极、上进的班级风气。例如，上课时自觉保持安静，中午时保持午睡，按时完成作业等。一些纪律上的管理，可以挑选出优秀的班干部来进行督促。学习上可以成立学习小组，老师可以适当地进行检阅和提供帮助。午休时的午睡则是看学生的自我约束能力。

二、管理情绪，引导学生积极言论

在班级中，班主任的发言往往决定着班级舆论的导向。当遇到学生捣乱、班级荣誉受损这些问题时，首先，班主任必须调整好自身的心态，正面教育学生，正确看待问题，引导学生在问题中反思并成长，避免操之过急，对班级形成负面影响。其次，作为班主任还要关心学生的情绪变化，多发现学生身上的美德，多表扬以引领学生去体会成长路上的感动，学会感恩，感谢身边朋友的馈赠，学会将这些感动变成一种帮助他人的动力，在日后成为真诚善良而又能够予人以温暖的人。

三、共建读书文化，营造书香氛围

班级建设，需要创建适于学生读书的班级文化。为了营造学生热爱学习、热爱阅读的班级氛围，师生共建图书角是一项有效举措。图书角书籍由师生共同提供，书目的选择与管理，要经过师生商讨确定方案；书籍的借阅与归还，要有一定的规则；争做图书管理员，选出最负责的学生，负责好班级图书角借阅登记事宜。有了共建的读书环境，让班级静下来，也让学生们养成爱读书的好习惯。

四、组织艺体活动，发展个性特长

小学生喜欢各种活动，小学班主任完全可以组织学生以班级为单位，开展各种艺体活动。艺术活动，鼓励学生多动手动脑，学会欣赏学生的创造力，对学生的困惑与问题予以解答，引导学生进行更深层次的思考。在活动中，发掘学生们的天赋，鼓励学生发展特长，树立自信，激励学生开展积极良性竞争，共同进步。体育活动能够强身健体，增强免疫力。在跑操前，间操的十分钟自由活动时间便成了我们的"竞技场"。为此，我为班级准备了长的竹节绳，通过排队跳绳，不但锻炼了学生们的胆量，更能体现出良好的团体协作能力。

相信每一朵花都有绽放的时刻，只不过碍于花期的不同，呈现出早晚的差距。我们的学生就是这样，只要创建良好的班集体，给予每一朵花以温暖和雨露，相信每一朵花都将呈现出它与众不同的风采。

第四章

班集体管理，德育工作的活力

　　管理实质上是关系的和谐调控，其核心参与者为教师与学生，展现了一种双向互动、彼此影响的师生关系，强调双方的积极参与和相互作用。在班级层面上，这一管理理念被细化为具体的管理实践，成为学校管理体系中的基础单元与起点。学校的整体运营，从本质上看，根植于班级层面的细致管理之上，因为学生的绝大多数学习与社交活动均在班级框架内展开。因此，唯有在班级管理中实现高效与科学，才能为学校的整体进步与稳健前行奠定坚实的基础。

　　班级管理活动是教师依据明确的教育目标，采取多样化的策略与手段，引领学生群体，对班级内的所有资源进行系统性规划、有序组织、灵活协调与适时调控的过程。这一过程旨在促进学生的全方位成长与发展，确保教育目标的顺利达成，是一个充满生命力与变化性的组织行动序列。

具体而言，班级管理可划分为四大维度：班级规章制度的管理、班级活动策划与执行的管理、班级教学活动的管理以及班级文化氛围的营造与管理。这四个方面相辅相成，共同构成了班级管理的完整框架。

第一节　梦想班级集体建设的管理

一、班集体管理的概述

在班级管理的广阔领域内，核心管理要素涵盖了多元化的班级资源，但核心焦点无疑聚焦于学生这一主体之上，班级管理的精髓便在于对学生的全面培育与引导。大连南金实验学校独树一帜，倡导并实践着以"梦想班级"为蓝图的德育集体管理模式，这一模式作为特色班级构建路径中的璀璨一员，其精髓在于构筑班级成员间共享的愿景与梦想，依托共同的精神楷模为航标，遵循促进学生道德情操与人格成长的科学理论，精心打造出一套涵盖班级规章、管理制度及评价体系的综合体系。这一过程不仅促进了师生间的心灵契合与共同进步，更编织出了一幕幕充满正能量与教育启迪的班级成长传奇。深入探讨"梦想班级"德育模式的内在机制与成效，对于培育独具魅力的班级文化氛围，以及促进学生个性特质的形成与良性发展，具有不可估量的价值与深远的意义。

二、班集体管理的流程

（一）常规管理

班级的日常秩序管理侧重于借助明确的规章制度来引导班级的各项活动。这些规章制度，作为学生行为的基本指南，贯穿于学习、工作及生活的每一个细节中，发挥着规范行为、维持秩序及教育熏陶的重要作用。通过细致化规章制度的设立，确保班级运作的每一个环节都能有依有据、秩序井然。而规章制度的深入执行，则能有效地塑造学生的良好习惯，进而促进班级整体风貌的向上提升。

在构建班级管理体系时，应坚决摒弃教师单一主导的模式，转而强调班级的集体性与学生的主体性。这意味着，每位学生都应被赋予充分的话语权，通过平等参与、共同商讨并制定出大家普遍认可的班级规范——班级公约。这一过程鼓励学生积极发言，针对班级实际存在的问题，提出个性化的解决方案，并经过民主讨论与全班投票，筛选出最符合班级需求的班规。这些班规需具备明确性、具体性、责任清晰及易于操作的特点，以更好地适应中小学生的成长特点。一旦班规得到全班的认可，学生便将自发地以其为准则，实现自我约束与自我管理，从而在潜移默化中规范自身言行。

（二）平行管理

班级平行管理即班主任巧妙地融合了对班级集体的宏观管理与学生个体的微观指导，形成了双向互动的管理机制。在这种模式下，集体管理的成效能够间接渗透至个人行为，而针对个人的细致管理又能反过来优化集体氛围，两者相辅相成，共同构建了一个和谐有序的班级生态。

推行班级自主管理的实践中，班主任应充分挖掘并激发每名学生的内在潜能，鼓励全体学生积极参与，将个人潜能融入班级事务的每一个环节。通过岗位分配的民主化、岗位职责的清晰界定，营造出一个"事事皆有人担责，人人皆可展所长"的积极环境，使学生在处理日常琐事中逐步培养出强烈的责任感。此外，这一过程也是对学生领导力培养的有效途径，他们在扮演不同角色、参与多样人际互动的过程中，不仅能够深化自我认知，还能促进个人能力的全面发展和综合素养的提升。

针对班级特性实施"岗位个性化定制"，即"岗、长、员"特色岗位分配策略。与校规中的关键考核点相衔接，我们设定了五大核心监督领域：环境卫生维护岗、纪律秩序监督岗、文明礼仪倡导岗（鉴于学校礼仪教育特色，如仪表礼仪、问候礼仪、课堂礼仪及就餐礼仪等，每两个月聚焦一主题进行强化训练）、晨读氛围营造岗、课间操组织岗。此外，为细化班级日常管理，还设立了诸如花卉养护长、照明管理长、光盘行动监督员、健康提醒员等具体职务，这些岗位依据班级实际需求灵活设置。

岗位分配采取自荐与推荐相结合的方式，确保每名学生都能找到适合自己的角色。同时，实施上岗前培训制度，以提升岗位执行效率与责任感。我们坚持"一人一责"原则，鼓励每位学生承担起班级中的一项管理职责，既锻炼了个人能力，又增强了集体责任感。

为进一步提升学生自治能力，我们还引入了"AB 岗轮换制度"，即同一岗位由两名学生轮流担任，确保每名学生都有充足的时间与空间去体验、学习并优化管理策略，从而在实践中不断成长，共同促进班级管理的民主化、高效化与人性化。

通过学生的充分讨论与协商，明确了各个岗位的具体职责分工。举例来说，我们设立了"餐盘节约倡导员"，其职责在于每日监督班级同学的就餐情况，确保无人出现食物浪费现象；而"课桌整理督导员"则负责在下课时间检查班级内桌椅的排列是否规整有序；"粉笔维护员"则承担起了定期清理粉笔盒、维护教学工具整洁的责任；此外，"多媒体管理助手"则专注于电脑及大屏幕设备的及时开关与日常管理，以保障教学活动的顺利进行。这些岗位的设置与职责明确，旨在通过学生的自我管理与相互监督，共同营造一个更加有序、高效的学习环境。

（三）民主管理

班级管理的民主化进程，核心在于倡导并实践一种包容性的管理策略，其中班级成员在尊重集体决策权威性与履行个人责任的基础上，积极投身于班级治理的各项事务中。这本质上是一种激发学生主体意识与责任感的方式，旨在通过赋予每名学生以班级主人的身份认同，促进其自我管理与参与决策的主动性，从而共同构建一个充满活力与和谐的班级社区。

苏格拉底曾言："教育的真谛，不在于填鸭式的灌输，而在于心灵的启迪，一次深刻的唤醒远胜过无数次的机械重复。"秉持这一理念，我们坚信，自主管理作为一种教育管理模式，其精髓在于激发个体内在的潜能与动力，促进自我意识的觉醒与成长。因此，积极倡导并深入实施学生民主管理，构建完善的班级自治体系，是全面促进学生自主管理能力提升的基石与核心策略。

在班级管理实践中，"规矩"是维系秩序、保障发展的必要条件。当"岗、长、员"等管理角色在履行职责时，若遇有同学未能遵循管理规定，我们应当秉持公正严明的态度，依据既定的班级制度予以妥善处理，以确保班级自治的航向始终与全体师生的共同愿景保持一致，稳健前行。

进一步而言，"梦想班级"的构建，离不开人性化制度的有力支撑。班级管理制度的制定，其根本目的在于引导学生形成良好的学习、生活与行为习惯，为他们的全面发展奠定坚实的基础。而这一制度的形成过程，应当是一个师生共同参与、共同遵守、共同建设、共同享有的互动过程，它体现了民主与科学的完美结合，为"梦想班级"的蓝图增添了更加坚实的色彩。

（四）目标管理

班级目标管理的核心理念在于，班主任与学生携手设定班级的总体愿景，随后将这一宏大目标细化为小组及个人的具体目标，确保每个层面的努力都紧密围绕并贡献于班级整体目标的实现，构建起一个协同共进的目标网络体系。这一管理方法通过明确的目标导向，驱动班级管理的各个环节，旨在高效达成既定的班级发展目标。

苏霍姆林斯基的箴言启示我们："教育的成效，源自一个精心培育的育人环境。"一个既整洁雅致又富含特色的班级环境，不仅是对外展示班级风貌的窗口，更是无声的教育者，潜移默化地塑造着学生的品格与情操。鉴于此，我校深植于数百年书院文化的深厚底蕴，积极倡导将传统文化的精髓融入校园生活的每一个角落，力求让班级的每一面墙壁都成为传播知识的媒介，每一件物品都承载着启迪智慧、激发潜能的教育功能，共同营造出一个充满文化底蕴与生命力的教育空间。

班级命名过程体现了师生的集体智慧，旨在树立共同的精神标杆。小学部聚焦于中华大地的杰出人物，而初中部则拓宽视野至全球领域，寓意学子既需心系祖国繁荣，亦当拥抱世界宽广。每一年级在特定领域内精心遴选后，班级成员共议确立班级别称，如国学泰斗、盛唐诗人、开国功臣、当代文学大家、古代先贤、世界科技先驱、诺贝尔奖得主、世界文学巨擘等，这些名字不仅承载着深厚的历史与文化内涵，更成为伴随学生整个学段的独特印记，强化了学生的文化认同感与集体归属感。

在此基础上，班级采用了寓意热情与团结的"中国结"风格九宫格相框作为班级名片，其设计融合了统一规范与个性表达。名片中既有学校规定的必备元素，如精神偶像的核心意义阐述、班级训诫、班级宣言及全体成员合影，也预留了自定义空间，鼓励学生创造属于自己的班级标志，如班徽设计、班歌创作、精神偶像肖像展示及月度班级之星风采等。通过这一过程，师生共同参与，深入挖掘与提炼班级文化的精髓，使其更具目标指引性与激励作用，在班级管理中发挥出积极的导向与驱动功能。

在班级环境布置上，每间教室都巧妙融入了传统文化与现代管理的和谐共生。窗帘采用《清明上河图》的经典图案，不仅为学习空间增添了一抹古色古香的韵味，也让学生们在日常学习中就能感受到中国传统艺术的魅力。墙面则被师生的书法作品与国画佳作装点得生机盎然，这些原创作品不仅是技艺的展示，更是班级精神风貌的缩影，激励着每一位学子在艺术与学术上不断追求卓越。

每个班级特设的"诚信书吧"，不仅是知识的宝库，更是培养学生诚信品质与自主管理能力的实践场。针对各班级特色，如四年级的巴金班，创新性地设计了阅读袋与阅读卡系统，这一举措不仅让图书借阅情况一目了然，提高了管理效率，还潜移默化地培养了学生的责任感与自我管理能力。

墙报与板角文化，作为班级文化的重要组成部分，其设计更是匠心独运。学生发展中心每月精心策划更换主题，将中华传统五常美德与社会主义核心价值观巧妙融合，通过丰富多彩的内容与形式，让学生在耳濡目染中接受道德教育，实现了文化育人的长效机制。这些细微之处的精心布置，共同营造了一个既富有文化底蕴又充满现代气息的学习环境，为学生的全面发展提供了有力的支持。

三、班集体管理的意义

（一）有助于实现教学目标，提高学习效率

班级组建的核心动因在于促进教学活动的高效执行。为此，班级管理的核心使命在于巧妙融合多元化的教学技术手段，精心策划丰富多样的教学活动，并有序地组织、编排与协调不同类型学生的学习进程，以实现教育目标的最大化。

在集体层面，通过全体成员共同参与班级名片的学习与创作，选拔出最能诠释班级特色的解说代表；而全校范围内的班级名片展示竞赛，则将这份集体智慧的结晶推向了展示的舞台，让每一份班级名片如同绽放的花朵，竞相展示其独特魅力，竞相在比拼中展现卓越。此过程不仅是班级名片从设计到优化的实践探索，更是让学生深刻体会到团队对个体的期望与规范，强化了集体归属感。

班级名片作为班级文化的缩影，既是对班级核心价值理念的直观体现，是引领师生共同追寻的梦想方向，也是对学生群体责任感与义务感的温馨提醒，共同营造出一个追求卓越、积极向上的学习氛围。以达尔文班为例，其独特的班训"适者生存"深刻体现了班级文化精髓，激励学生在学习、生活乃至社会实践中，不断提升自我适应能力，成为时代的强者。

进一步地，传统榜样的光辉引领与现代化宣传教育的巧妙融合，构建了一个多维度的学生风采展示舞台，对学生的个人成长与发展产生了深远且积极的影响。在这样的环境中，学生们不仅在潜移默化中继承了中华民族的优秀传统文化精髓，还与时俱进地吸收了新时代的思想与观念，共同塑造了独具特色的班级文化氛围，为学生的全面发展奠定了坚实基础。

九年级高尔基班内，教室后墙报上精心设置的"智慧人生"板块，便是一个生动的例证。每日，一名学生都会在此留下三两句发人深省的名言警句、个人的成长感悟或是温馨的"班级寄语"，这些文字如同灯塔，照亮了学生前行的道路，也激发了他们对生活的深刻思考。同时，另一项特色活动——每日一位同学写下对班级同学的真心话，更是搭建了一座心灵的桥梁，加深了同学间的相互理解与情感联结，使班级成为学生心灵得以栖息与成长的温暖港湾。

学校不仅致力于打造一个整洁、有序、充满学习氛围的物理空间，更重视构建一个充满关爱、尊重与理解的精神家园。在这里，每一个学生都能感受到被看见、被听见、被重视，他们的每一个想法、每一分努力都能得到回应与鼓励。这样的班级文化，不仅促进了学生学业上的进步，更在潜移默化中培养了他们的社会责任感、团队合作精神以及积极向上的生活态度，为他们未来的人生道路铺设了坚实的基石。

（二）有助于维持班级秩序，形成良好的班风

班级作为学生们共同学习、生活与成长的基石，不仅是集体活动展开的舞台，更是促进人际交往、情感交流的重要场所。因此，激发班级成员的内在动力，鼓励他们积极参与班级管理，携手共创一个秩序并

然、风气优良的班级环境，构成了班级管理的核心使命。

在构建"梦想班级"的征途中，制定并明确岗位职责是至关重要的一步。这一过程不仅帮助学生清晰地认识到各自在班级中的角色与责任，更重要的是，它让学生深刻理解到每一个岗位都是班级这台大机器中不可或缺的螺丝钉，虽分工不同，但同等重要，都承载着为集体服务的使命。同时，学生们也意识到，要胜任这些岗位并非易事，需要付出努力、智慧与协作，共同为班级的美好未来贡献力量。

为了实现这一目标，我们推行了"岗、长、员"自主管理班级的创新举措，即合理设定岗位、选拔并培养班级干部、实行班务包干责任制，并鼓励组建班级活动小队，小队内部实行民主管理。这一系列制度的设计，旨在构建一个公平、公正、团结而又充满竞争活力的班级生态。通过干部轮换制，确保每位学生都有机会参与班级管理，体验不同角色的责任与挑战；班务包干制则让每一项班级事务都有专人负责，提高了管理效率；班级活动小队制则促进了学生间的团队合作与创新能力；而小队活动民主制，则进一步增强了学生的参与感与主人翁意识，让班级管理更加民主化、人性化。

在这样的班级氛围中，学生们不仅能够学会自我管理、自我提升，更能在集体中学会尊重、理解与合作，共同为营造一个和谐、向上、充满正能量的班级环境而努力。

（三）有助于锻炼学生能力，学会自治自理

在班级这一微型社会中，人际交往与社会联系的纽带紧密相连，构建了多层次的组织结构与细致的工作分工。班级管理的深远意义，不仅在于培养学生成为学习上的自主探索者、生活中的独立个体，更在于引导他们成为能够自我治理的个体，并在这一过程中学会承担社会角色，掌握认知社会、适应社会的关键能力。这一过程，对于塑造学生健全的人格、促进其全面发展，具有不可替代的作用。

以五年级伯阳班为例，该班通过实施自治管理模式，创新性地设立了学习部、卫生部、宣传部、生活部、纪检部、体育部六大职能部门，每个部门下再细分具体岗位，形成了一个高效运转、职责明确的班级管理体系。这一设计不仅锻炼了学生的组织协调能力和团队协作能力，更让他们在实践中深刻理解到不同岗位的责任与价值，促进了角色认知与身份认同。

班主任作为班级管理的核心指导者，通过适时的调控与监督，确保了每位"岗、长、员"在履行职责时能够秉持公正原则，维护班级秩序。每日放学前的总结会议，更是成为学生反思自我、交流心得、共同进步的重要平台。此外，班级还引入了量化考核机制，依据严格的班规制度标准，鼓励学生进行自我评估、相互监督，形成了良好的自律氛围。

随着班规制度的深入实施，伯阳班的学生们在自主性、自觉性、自律性方面均取得了显著进步。他们不仅能够自觉遵守班级规定，还能够主动发现问题、解决问题，展现出了高度的责任感与主人翁精神。这一过程，不仅提升了学生的综合素质，更为他们将来步入社会、承担更大责任打下了坚实的基础。

第二节　梦想班级集体建设的组织管理

一、班级民主管理

在班级管理的实践中，我们致力于推行民主化与细致化相结合的管理模式，旨在最大限度地激发学生的参与热情，为他们创造多样化的展示平台。通过让学生成为管理的主体，我们不仅满足了他们自我表现的心理需求，还潜移默化地培养了他们的民主意识，增强了他们的管理能力。

为了实现这一目标，各班级积极制定本班独具特色的班级公约，即班规。这一过程始于学生，他们被鼓励从班级整体发展的角度出发，针对班级中存在的具体问题，提出初步的班规建议。随后，通过民主讨论的形式，全班学生共同参与对这些建议的审议与表决，经过集体的智慧碰撞与协商调整，最终形成一致认可的班级公约。

为了确保班规的有效性与可操作性，我们特别强调其必须具备标准性、具体性、职责明确性以及强操作性等特点。这样的班规不仅易于学生理解和执行，还为他们提供了清晰的行为指南和自我评价标准。一旦班规得到全班的认可与通过，它就成为每名学生自我约束与管理的有力工具，引导他们在日常学习生活中规范自己的言行举止。

此外，我们还建立了班规的动态调整机制。当学生认为现有班规存在不合理之处时，他们有权在班会上公开提出修改意见，并再次通过民主讨论的方式进行修订。这种开放、包容、灵活的管理方式，不仅体现了对学生主体地位的尊重，也促进了班级管理的持续优化与完善。

总之，实行班级管理民主化、细致化，让学生成为管理的主体，是我们不断探索与实践的重要方向。我们相信，通过这样的管理方式，能够培养出更多具有民主意识、管理能力和自我约束能力的优秀学生，为他们的全面发展和未来的成长奠定坚实的基础。

二、班级常规管理

一日常规管理：包含到校规则，卫生规则，早（午）读规则，上课规则，眼操课间操、升旗规则、课间、午间休息规则，自习（晚自习）规则，班、校会规则，课外活动规则，离校规则。具体细则如下：

到校规则

1. 按时到校，遇见师长、同学主动问好。因故不能到校，须经家长签字，向班主任请假。

2. 衣着整洁大方，到校须穿校服。周一参加升旗仪式，年级统一穿校服。

3. 男、女生不留长发，不烫发，不穿高跟鞋；男、女生不佩戴首饰。不能带手机、随身听、扑克等娱乐用品和贵重物品进入校园。

4. 骑自行车到校者一律推车进出校门，在校园内、车棚内注意礼让慢行。

5. 自行车一律按指定地点有秩序存放。

6. 进教学楼，要维护公共卫生，不乱丢、乱吐东西。

7. 保持楼区安静，不追逐打闹，不大声喧哗，不玩球类（包括不打羽毛球）。

8. 爱护公物，遵守公共卫生，上下楼梯要有秩序，注意安全。

9. 随手关水、关电，养成节约资源的好习惯。

卫生规则

1. 值日生应提前到校将卫生区、教室、走廊清扫干净，并在早读前（7：30）完成。

2. 教室内的物品摆放要整齐有序，各种物品要干净整洁，不能存放鞋类物品。

3. 教室和所属走廊的墙壁上不能有乱涂乱画现象。

4. 全体同学要爱护卫生，每周一下午班会、校会后为全校大扫除时间，各班要将教室和卫生区彻底打扫干净。

早（午）读规则

1. 早读时间为7：30—7：45，午读时间为14:30-14:45（每周一升国旗时间为7：25），不得迟到。

2. 学生到教室后，应尽快交齐课外作业，然后认真开始早（午）读，不得在教室喧哗、跑动，不能利用早（午）读时间做作业，更不允许抄袭他人作业。

3. 早（午）读时间原则上读语文、英语，语文、英语科代表要做好老师的助手，负责组织落实老师规定的早（午）读内容。

4. 值勤班长在早（午）读铃响后，负责点名、考勤，记录下每一天本班违纪情况后交给班主任。

上课规则

1. 在预备铃响前，要准备好上课所需所有学习用品，预备铃响后，可复习上一节课讲过的内容，或预习一下将要讲的新内容。课前切忌在教室内外喧哗、打闹、随意走动。

2. 教师进入课堂上课，班长喊"起立"，同学们齐声向老师问好。待老师回应后，方可坐下。

3. 应答老师问题要起立，学生起立和坐下要尽量减小桌椅移动声音。

4. 迟到的同学要候立门口，经老师同意后方可进教室就座。

5. 上课要坐姿端正、专心听讲、积极思考，认真记笔记，自觉遵守课上纪律，有问题问老师，不要交头接耳。

6. 下课铃响后，等老师喊"下课"后，由班长喊"起立"，同学们主动喊"老师再见"，要等老师走出教室方可离开座位。

7. 对听课的领导、老师及有关人员要有礼貌，要主动问好。

8. 体育课要提前5分钟集合，在校园内由体育委员整队带入操场，不能无故迟到、旷课、早退，请假须经体育教师及班主任批准。

眼操、课间操、升旗规则

1. 做操时间为上午第二节课后，眼操乐声响起，学生停止其他一切活动，做好眼操前准备。

2.做眼操时心神集中，动作准确。不准讲话、看书、做作业或发讲义。

3.眼操做完后，教室内除留下两名值日生外，其余所有学生要迅速离开教室，到达本班集队地点，整队时做到快、静、齐。

4.做操要精神饱满，动作规范有力，不打闹、说话。

5.凡不能做操者，须有医院或校医务室证明，然后经班主任批准。

6.队伍带入带出时，各班须人员齐整、精神饱满。

课间、午间休息规则

1.下课后，值日生要及时负责擦干净黑板，学生应及时休息和远眺，尽量不要看书、做作业。

2.课间不在楼道、教室、校园追逐打闹和玩球。

3.课间未经班主任和门卫批准，不得随便出校门。

4.课间、午间休息，楼道、教室内要保持绝对安静，不串班、不玩棋、不打扑克等。在校期间未经教师批准不得擅自使用教室里的电脑等教学设施。

自习（晚自习）规则

1.自习课由班干部全面负责管理，课后应将情况向班主任汇报。

2.自习课必须保持安静，不讲话，不下位，不能讨论问题，有问题可到课下讨论。

3.自习课上，学生必须认真独立做作业和复习、预习功课，不得妨碍他人学习。

4. 自习课要认真考勤，无故缺席，作旷课处理。

班、校会规则

1. 每周五下午第三节课为班、校会（年级集会）时间。

2. 开班、校会时，不随便讲话，不看书，不做作业，不做与会议无关的事情。

3. 学生不得无故迟到、缺席，否则按正常课的迟到、旷课处理。

4. 所有艺术生、体育生原则上必须参加班会、校会（年级集会）。

课外活动规则

1. 课外活动的时间为下午第三节课后，活动内容包括选修课、竞赛辅导、文艺活动、体育活动等。

2. 要求学生对待课外活动要像对待正课一样，不得无故迟到、缺席、早退。

3. 要爱护校园环境，爱惜花草、树木，保持环境卫生。

离校规则

1. 学生离校时间一般为下午第三节课后。遇到老师、同学要有礼貌，道声"再见"。

2. 放学前，值日生要把卫生打扫干净，把桌椅排放整齐，离校时，要关好门窗、日光灯和教学设施等。

3. 不要在校门口、车棚门口聚集、停留，以防堵塞交通。路上遵守交通规则，注意交通安全。

4. 在校外，不准进入网吧、游戏厅等不适合学生进入的娱乐场所。

三、文体活动管理

在"梦想班级"的管理蓝图中，多姿多彩的文体活动占据了核心地位，它们犹如一缕春风，凭借明确而正向的价值观为导航灯塔，引领学子们勇敢启航；同时，这些活动又如同鼓满力量的风帆，激发学生们迎难而上、勇攀高峰的斗志。它们不仅构建起一个个闪耀个人风采、滋养特长的璀璨舞台，更在无形中培育了学生优秀的道德品质与行为规范，为"梦想班级"这一宏伟愿景的筑造奠定了稳固而坚实的基础。

"班班有歌声"活动便是这一系列文体活动中的璀璨明珠，它以音乐为媒介，以班歌为桥梁，巧妙地连接了班级与学生之间的情感纽带。班歌，这一凝聚了班级精神与共同愿景的艺术作品，每当响起，都能迅速点燃学生的激情，振奋班级的文化精神。在学校的大型活动或公众场合，全班学生齐声合唱班歌，那嘹亮的歌声不仅展现了班级的团结与力量，更在无形中增强了班级的凝聚力与向心力，使每位学生都能感受到自己是班级不可或缺的一分子。

除了在学校的大型活动中展示风采，班歌还融入学生的日常学习生活之中。每天课前两分钟，当班歌响起，它便如同一剂强心针，让学生们迅速调整状态，以饱满的热情投入到接下来的学习中。而在班歌比赛、升旗仪式等特定场合，班级班歌的展示更是成为展示班级风采、弘扬班级精神的绝佳机会。学生们在反复吟唱中，不仅加深了对班歌的理解和喜爱，更在心灵深处种下了集体荣誉感和责任感的种子。

总之，"班班有歌声"活动以其独特的艺术魅力和深刻的教育意义，成为促进学生全面发展、构建和谐班级文化的重要载体。它让学生们在音乐的海洋中遨游，感受美、追求美、创造美；同时，也让他们在歌声的陪伴下，学会团结、学会合作、学会担当，共同为"梦想班级"的明天而努力奋斗。

四、家校共育管理

在教育领域中，学校与家庭作为两大核心支柱，其紧密协作能够为"梦想班级"的德育建设注入源源不断的活力与能量。我校高度重视并有效利用家长资源，将增强班级自信心作为出发点，精心策划了一系列班级特色活动，涵盖诵读、艺术、体育等多个领域，旨在打造"一班一亮点，一班一风采"的多元化展示平台。

在策划与实施这些特色活动时，我们始终秉持着以学生为中心的原则，充分考虑各年级学生的身心发展特点，确保活动内容的适宜性与教育性。同时，我们借鉴科尔伯格的"道德发展阶段理论"，强调道德教育的连续性和阶段性，以班级为组织单位，巧妙地将家长培训、定期家长会、节假日亲子互动以及班级特色活动融为一体，为家长创造更多参与孩子成长过程的机会。

通过这样的方式，我们鼓励家长不仅作为旁观者，更是作为积极的参与者，共同见证并促进孩子在"梦想班级"中的全面发展与成长。这种家校共育的模式，不仅降低了教育资源的重复投入，也有效提升了德育工作的实效性与创新性，为构建更加和谐、高效的教育环境奠定了坚实的基础。

学校在节假日期间，积极倡导以班级集体为单位，策划并执行丰富多彩的亲子社会实践项目，这些活动以其高度的社会参与性和深远的影响力，不仅在我校内部形成了鲜明的特色，还逐渐跨越界限，在更广泛的社区范围内产生了积极的教育示范效应。活动主题广泛，包括但不限于关怀特殊儿童（如自闭症儿童等）、慰问社会弱势群体（如敬老院老人、清洁工及贫困学生家庭）、参与公益捐助（如为受灾家庭筹集善款）、文化服务（如区图书馆图书义工服务）以及环保行动（如大连景区垃圾清理）等。

南金校园内，超过 3300 名学生与 62 个班级家庭携手，以实际行动遍访大连各地，传递爱心与正能量。部分班级更是展现出高度的热情与责任感，一个假期内能自主组织三次不同主题的义工活动，更有班级将此类活动系列化、常态化，形成了独具特色的班级文化。

鉴于我校在慈善与志愿服务领域的杰出贡献，2018 年，我们荣幸地获得了中华慈善总会的认可，被正式授予"大连市金普新区慈善总会南金书院义工站"称号，并被评为金普新区学雷锋义工队的典范，这一荣誉不仅是对我们过去努力的肯定，更是对我们未来持续推动公益教育事业的激励。

五、学生自主管理

在学校领域，充分发挥少先队、共青团、学生会、学生社团的作用，引导学生自我管理或参与学校治理。以班级为载体，落实好心志课程，这也是班级常规工作，包括定期举行的升旗励志课、班会励志课、夕会励志课和社会实践励志课等自主管理课程。

为了优化中学团委的组织架构，需强化其作为初中少先队工作指导核心的职责定位，确保团委部门建设完善。同时，应进一步完善并巩固初中少先队与团委之间的紧密联系与过渡衔接机制，确保二者工作的顺畅对接与有效融合。开好大队会与团员例会，通过综合素质评价、学生会工作、团队考察等方面，表彰团队优秀学生与优秀学生干部，进一步做好向区域推选优秀学生的准备。通过加强共青团与少先队等团、队管理工作的规范化、制度化，激励少先队员的责任感和团员学生的使命感，召开学代会，发挥学生代表在同学中的榜样示范作用。

在此基础上，应持续优化现有学生会组织，充分激发其自我治理、自主学习与自我提升的先锋模范作用。完善学生会的工作管理体系，建立健全奖励机制与层级晋升机制，确保每学期都能评选并表彰一批优秀学生干部，以此激励学生会成员积极参与学校各类活动的策划、执行与日常管理。鼓励学生干部作为桥梁，引领其他成员投身于学校活动中，与教师紧密合作，服务于广大学生，从而在实践中不断提升自我能力，促进全体学生核心素养的全面发展。

第三节　梦想班级集体建设的制度管理

一、自主管理育人德育工作计划

（一）缔造梦想班级

以此作为班主任班级管理研究课题，在实践中研究并总结经验，有序实现下列目标：

1. 依据师生的共同梦想，确立有个性、有特色的班名、班训、班规，建立梦想班级文化。

2. 实施定岗定责，健全班级自治管理制度。

3. 建立并实施师生认可的班级评价体系。

4. 调动家长教育热情，形成家校携手共育的氛围，鼓励积极开展特色班级活动等。

5. 通过优秀班集体评选，从而促进学生自主养德、自主健体、自主管理、自主学习，进而形成良好班风，实现班级共同梦想，达到师生共同成长的目的。

（二）明确岗位职责

1. 班主任培训。围绕缔造梦想班级，以年级组为单位每半个月开展一次"班主任杂谈"；有计划地对新任及全体班主任开展系列培训，注意梯队培养，通过专业引领、同伴互助，班主任考核，打造一支富有责任心、爱心、智慧，春风化雨般的教师队伍。

2. 全体教师培训。树立学科德育的大德育观，引导全体教师进一步更新教育观念，人人都是德育工作者，要让每一堂课、每一项活动都渗透德育因素，真正做到"教书育人，管理育人，服务育人，活动育人"。另外，全体教师培训还包括依法从教、防疫安全、特殊学生帮扶等内容，着手筹建南金德育名师工作室。

3. 专员专题培训。针对师生群体，我们实施一系列关于心理调适、卫生保健及安全防范的专题培训项目，以确保紧急疏散演练成为常态，有效提升师生的应急反应能力。同时，我们将强化学生心理健康教育，通过举办心理健康培训、开展心理疏导课程，并建立健全心理咨询档案系统，以个性化、精准化的方式，帮助学生解决心理困扰，促进其心理健康发展。这一系列举措旨在全方位关怀学生心理状态，为他们营造一个更加健康、安全的成长环境。

二、班级管理评价体系制度

管理若缺失了评价环节，则难以维系其公正性与持续优化的动力机制。因此，为了推动班级向"梦想"目标稳健前行，构建对学生全面而客观的评价体系显得尤为重要。我们将班级评价体系的建立整合进班主任绩效评估与班级间竞赛考核体系中，明确了评选优秀班主任与优秀班集体的具体方案，以此激励教师与集体的共同进步。

学校鼓励各班级依据自身特色与实际情况，自主设计并执行个性化的评价策略，使评价更加贴近学生实际，增强评价的针对性和有效性。

同时，这些班级层面的评价结果也将成为学校推荐优秀个人与集体（如区级"优秀海娃"、校级少先队员等荣誉）的重要参考，形成了一种开放而灵活的推优机制。这样的评价体系，不仅有效激发了学生的荣誉感与成就感，更重要的是，它内在地驱动了学生积极向上的动力，促使他们不断追求卓越，实现个人与集体的共同成长。

（一）多样性评价内容

学校在德育实践中展现出高度的创新性，巧妙地将小"海娃"美德评价体系与学校日常管理中的守礼、卫生、纪律、晨读、间操、眼保健操六大习惯培养项目深度融合，构建起一套基础而全面的评价框架。此框架作为各班级评价体系的基石，鼓励各班级在此基础上进行内容的丰富化与形式的创新化探索。

在观察中，我们发现尽管各班级在具体评价细节上呈现出一定差异，但一个公正有效的评价体系往往遵循着相似的原则，即项目覆盖全面，既注重量的累积也强调质的提升，同时设有明确且统一的评价标准与等级划分。以学校规定的六大常规项目（守礼、卫生、纪律、晨读、间操、眼保健操）为基础扣分项，各班级还自主研发了多元化的加分机制，包括学习成效加分项、特长发展加分项（涵盖艺术、体育、学科竞赛等）以及特殊贡献加分项（针对人力、物力等方面的贡献），从而构建了一个既统一又灵活的评价体系。

这样的评价体系设计，不仅促进了学生全面发展与个性成长的和谐统一，还进一步激发了学生追求自我提升与维护班级荣誉的积极性。

（二）多主体评价方式

在构建多元化的评价体系过程中，班主任的角色发生了显著转变，不再是唯一的评价主体。这一体系强调师生之间的合作与参与，通过共同协商确立评价维度与标准，使学生从传统的"被审视者"转变为积极的"评价合作者"。在此框架下，学生不仅参与自我评价，深刻反思自身成长，还进行同伴间的互评，促进相互学习与理解。同时，教师评价层面也得到了拓展，既有科任教师的专业视角，也融合了班主任的全面考量，更引入了社会评价元素，如社区反馈或家长评价，从而构建起一个多维度、多主体的综合评价体系。这样的转变不仅丰富了评价内容，也提升了评价的全面性与客观性。

（三）多元化评价方式

科尔伯格的"道德发展阶段理论"细分为六个层次，从基础到高级依次为：第一层次，学生因畏惧潜在的惩罚而选择不采取某行动；第二层次，学生出于获取奖励的动机而采取行动；第三层次，学生行为旨在取悦他人或赢得认可；第四层次，学生遵循既定的规则与规范行事，展现出一定的责任感；第五层次，学生展现出契约精神与友善品质，行为中体现出对他人的尊重与合作；第六层次，则是达到了道德自律的高度，学生能够根据自己的内在准则行事，且这些准则具有高度的一致性和稳定性。针对不同年级学生的道德认知发展阶段特点，学校设计并实施了多元化的评价体系，以更好地促进学生的道德成长与自我认知。

三、妥善应对突发事件

为了提升管理效能，我们致力于完善管理制度体系，确立高效便捷的办事流程，并优化内部机构的组织结构与决策机制，包括明确议事规则等。我们坚持定期召开校务会议，以加强民主管理与监督，同时健全教职工（代表）大会制度，确保所有关乎教职工切身利益及学校长远发展的重大决策，都能经过充分讨论并由教职工（代表）大会审议通过。

针对班级管理过程中可能遇到的突发情况，制定灵活有效的应急处理预案，以迅速响应并妥善解决问题。此外，还要高度重视教师的专业成长与道德建设，精心组织多样化的德育培训活动，旨在全面提升教师队伍的综合素质与教育教学能力，为构建更加和谐、高效的教育环境奠定坚实基础。

第四节　班级管理中存在问题的解决策略

为有效应对班级管理中面临的挑战，关键在于构建一种以学生为核心的新型班级管理机制。这一机制的核心在于确立并尊重学生的主体地位，以此作为解决班级管理中诸多问题的根本途径。具体而言，需要遵循以下原则。

一、聚焦于学生发展的全面性

注重学生的全面发展与个性化成长。班级管理的核心理念应围绕促进学生的全面、多维度发展而展开。这一理念超越了传统管理模式下对纪律、秩序、控制及服从的单一强调，转而将班级活动视为促进学生个人成长与潜能发掘的生动实践场。班级活动的设计与实施，其出发点与归宿均在于满足学生多样化的成长需求，力求在尊重学生个体差异的基础上，最大限度地激发并挖掘每个学生的内在潜力。

二、重塑学生在班级中的核心地位

学校管理的精髓在于推动学生主体性的蓬勃成长。当前的班级管理模式深刻体现了以学生为核心的原则，强调对每名学生个性与主体地位的深切尊重。这种模式下，学生被鼓励以主人翁的姿态，施展才智，主动投身于班级自我管理的各项事务中，贡献自己的智慧与力量。为实现这一目标，我们致力于构建一套长效且高效的管理机制，其核心在于持续激发学生的内在动力与积极性，确保他们能够稳步前行，在自我成长的道路上取得长远的进步与发展。

三、有目的地训练学生进行班级管理的能力

为了系统性地提升学生的班级管理能力，我们应实施一种策略性的训练计划。该计划的核心在于推行班级干部轮换制度，确保每名学生都能获得实践机会，并在过程中学习团队协作与沟通技巧。班级管理制度改革的关键导向在于，将学生从被动接受管理的角色转变为自我教育的主体，这要求我们将传统的以教师为主导的班级活动，转型为学生自发组织、自我管理的模式。

为实现这一目标，我们可以采取以下具体措施：首先，适度增加班

级内的"小干部"岗位设置，并通过定期轮换制度，使更多学生有机会参与到班级管理中来；其次，遵循民主原则，组织选举产生班干部，让学生感受到参与决策的权利和责任；再次，积极引导学生干部成为"学生声音的代言人"，反映学生需求，促进班级和谐；最后，通过培训和指导，帮助学生"小干部"成长为合格的班级管理者，使他们能够真正肩负起班级主人翁的责任。

第五节　梦想班级集体管理的案例

【案例1】如何个性化定制梦想班级

缔造梦想教室

大连南金实验学校　韩　琳

一、班级公约

学生要严格遵守自己制定的班级公约，规范自己的言行。根据学校的纪律要求，确定自己班级的班规，为全班同学讲解，并介绍奖励和惩罚措施。班主任根据每个人的表现予以及时评价，每月进行一次量化总结，对表现优异的学生给予奖励，并鼓励其他学生向他们学习。

二、子舆币奖励制度

在本学期，我也尝试了代币制，即子舆币奖励制度。我把班规细化为各个小项目，学生每达成一个小项目，就奖励一枚粘贴，每十个粘贴兑换子舆币一枚，子舆币兑换奖品和大粘贴并贴于墙面展示。学生积极性很高，也在积累的过程中学会了整理物品，认识到积攒的重要性。

三、加强班会课的教育效果

本学期根据学校要求，进行了崇尚英雄主题班会、运动会前期动员大会和期末复习动员大会。我准备了视频、图片等材料，让学生在互动中增强理解力，在活动过程中增加凝聚力。班会课的良好效果，让我意识到，下学期仍然要开展各个主题的班会课，在班会课上对全班学生进行德育教育。

【案例2】如何缔造梦想教室

缔造梦想教室

大连南金实验学校　王晓辉

一间明亮整洁的教室，一群活泼可爱的孩子，一位每天唠唠叨叨，与学生斗智斗勇，身兼保洁员、安全监督员、生活阿姨等数职的我，这就是我们的伯阳班。在这间教室里我们每天上演着名为《成长》的喜剧。就在这间教室里，我本着"以情动心，以心促行"的原则，导演着这部有六年之长的大型成长剧。

一、与精神偶像相约，小细节看大格局

（一）确定班名

中国，作为四大文明古国之璀璨一员，拥有长达五千年的辉煌历史。其深邃的传统文化，不仅是中华民族不朽的精神栖息地，更是滋养我们心田的文化源泉。这份传统蕴含着无穷的智慧、坚韧的风骨、博大

的胸襟以及崇高的操守，它们共同构成了中国人独有的价值观、人生信条与精神支柱，是我们宝贵的精神资源与力量源泉。作为教育工作者，我们对于教育的执念不应是成绩，而应谨记教育的终极目的是：为天地立心，为生民立命，为往圣继绝学，为万世开太平。因此，我以道家思想创始人老子（字伯阳）作班名，愿伯阳班的学子们：恪守"上善若水，厚德载物"的做人原则，做品德高尚的人；信奉"千里之行，始于足下"的行事准则，做事从头做起，脚踏实地。无论做人还是行事，我们都将时刻秉承着伯阳高尚的品格和博大的精神。

（二）设计班徽

班名的确定，引起家长朋友的关注，提起设计班徽，大、小朋友们出谋划策，最终确定班徽。班徽诠释的含义：我们是初升的太阳，大小海豚象征着交相环抱、乘风破浪、共同成长的师生。

（三）班级宣言

班徽的设计也蕴含着家长的期望，希望孩子们，在成长的道路上，要永远怀揣一颗勇敢的心，敢于面对困难；要永远拥有一份阳光的心态，乐于接受自我成长的挑战。所以我们班的班级宣言是：阳光少年，励志向前。

（四）围绕精神偶像，开展特色活动

和二年级的孩子谈"上善若水"真的有点深奥，于是我一再拜读《道德经》，总算找到切入点，第八章写道：上善若水，水善利万物而不争。处众人之所恶，故几于道。居善地，心善渊，与善仁，言善信，政善治，事善能，动善时。夫唯不争，故无尤。这样就围绕"居善地，心善渊，与善仁，言善信，政善治，事善能，动善时"这七个方面来理解"上善若水"，并且在班会课上让孩子们在理解字面意思的基础上，联系生活实际举例子，谈自己的理解。同学们都乐于说出自己独到的想法，有的说，我们说话要讲诚信，就是"言善信"；有的说，和同学相处时要友好，就是"与善仁"；还有的说，做班级干部就要以身作则，按班规管理同学，即便好朋友也不偏袒，这就是"政善治"。大家在交流"动善时"这条时，发言特别踊跃，中午打饭排队不讲话、课堂上积极发言的丛大宝同学弱弱地问："老师，你说课堂上老师讲话，我不乱接话是不是也是动善时？"对于丛大宝的提问，我向他竖起大拇指。也许这就是教育的魅力——随风潜入夜，润物细无声。

二、开展丰富多彩的班级活动，增强班级的凝聚力

用心准备班级活动，不仅给孩子搭建了展示自己的平台，更在班级树立了榜样。就好比在班会上展示的《国学有大美》这一节目，其实当初的构想比较简单，就是想让更多有特长的孩子参与进来，但班会时间毕竟有限，于是我就把琴棋书画和朗诵合编在一起，向同学们呈现一场视觉盛宴。学生们各显身手，用自己的技艺诠释他们心中的"国学有大美"——美在境界，美在德操，美在文字……节目一经展示就引起了学生和家长的重视，据我所知，这个节目展示后，班级已经陆续有孩子开始学国画、围棋和朗诵。孩子的想法很简单，我也想像谁谁一样优秀，有了动力就会努力前行。争取每次活动都很隆重，让孩子和家长们在羡慕中促成长，让传统文化浸润我们的心田。教育的意义在于以情动心，

以心促行。

同时，班级活动也是构建良好师生关系的桥梁。有句话说得好，比情商和智商更重要的是挫折商，现在的孩子大多是集万千宠爱于一身被呵护长大的，当他们在学习、交友方面遇到困难时，很多孩子是无助的，与其说教式的引导，不如结合心理拓展活动，让孩子们在活动中感同身受，明白成长的乐趣。所以每半个月我会结合班级孩子近期的成长状况设计一些心理拓展游戏，例如竞选失败、阶段测试成绩不理想时，我带着班里孩子一起玩"母鸡变凤凰的游戏"，游戏规则如下：

1. 游戏中有四种角色，从低到高依次为鸡蛋、小鸡、母鸡、凤凰。这四种角色在游戏中对应的姿势分别为：鸡蛋——身体蹲下；小鸡——身体半蹲，手扶膝盖；母鸡——身体直立，一手上举；凤凰——展开双臂呈飞翔状。

2. 全班同学不分小组共同参加游戏。

3. 所有人最初都是鸡蛋，要通过和同级别的人角逐，才能一步步晋升。

4. 角逐的方式是"石头—剪刀—布"，赢的上升一级，输的降为鸡蛋。

5. 凤凰不用再参加角逐，"展翅飞回"目的地的标志性区域。

6. 游戏进行到班级学生总数五分之一，十人左右晋升为凤凰后结束。

7. 先晋级者没有奖励，没有晋升者也没有惩罚。

一段欢快的音乐，简单的"石头—剪刀—布"的游戏规则，但孩子们却是乐此不疲。几轮游戏下来，我们静下心来一起感悟成长。在这个游戏中我们不难发现仅玩了两次，没有一个人是一帆风顺就成功的，这个游戏就好比我们的人生，在我们没出生的时候就好比鸡蛋，有鸡妈妈的保护，而出生后，就如同小鸡试着走路，会遇到许多困难，等我们长大，能够自立了就像凤凰飞上枝头品尝成功的喜悦。现在我们正处在小鸡学走路的阶段，在日常的学习、生活中难免有这样或那样的不如意，那我们究竟要怎么解决这些问题呢？游戏拉近了我和孩子们的距离，我们畅谈成长中的苦恼，我们一同出谋划策。

最后，我们坚信挫折与失败只不过是我们成长的印记，我们的成长就像一个爬山的过程。在成长的道路上，我们可能被挫折绊住脚步，我们可能被失败扰乱心绪。但是，只要我们永远怀揣一颗勇敢的心，敢于面对前方未知的困难；只要我们永远拥有一份积极向上的心态，乐于接受自我成长的挑战，我们就会取得成功。"伯阳"学子，要做成长道路上的勇者，向困难大声说"不"。

三、打造书香班级，培养阅读习惯

清华附小的窦桂梅校长曾说："一个不阅读的孩子就是潜在的差生。"培养良好的阅读习惯也是父母和老师送给孩子最好的礼物。2017年新年伊始，我送给班级每一名学生一张阅读存折，这也许是他们人生中的第一本存折，目的是让孩子们满怀希冀，开启他们的阅读之旅。接着就到了家校联手的时候了，家长负责记录孩子的阅读书目与每日阅读时间。而我根据阅读存折中家长的记录，集够10个小时换一根棒棒糖，现在的孩子并不缺糖，但是老师奖励的糖格外甜，当孩子拿到棒棒糖向别人分享这种乐趣的时候，脸上洋溢的满足与骄傲支持着他们继续阅读。起初是为了糖而读，21天养成一个习惯，到后来，更多的孩子是因为喜欢所以读。我平日比较喜欢和孩子交流读书趣事，我们每周一会有一次读书交流，当有的孩子拿着《十万个为什么》侃侃而谈时，课下三五成群聚在一起讨论《三国演义》人物时，其他同学一脸崇拜地仰视讲《上下五千年》故事的同学时，我也乐于加入他们的行列，了解的书会和学生们聊一聊故事情节，没读过的则会由衷地夸一句："你真了不起，阅读面真广，这本书我都没看过，你讲得很有趣，借我看看呗！"学生们很得意，私下里他们会传阅，没事儿还来考考我。我想兴趣就是最好的老师，愿书香伴成长。

成长宛若细水长流，穿越重重山峦与广袤大地，最终汇入浩瀚海洋的宽广怀抱；它犹如雏鹰初展翅，而我作为"伯阳"学子的引路人，期许每位学子的梦想如同羽翼日益强健，勇敢翱翔于无垠的蓝天之中。身为班主任，我深知班级管理的艺术深远而复杂，它不仅是我持续探索的学问，更是我倾注心血的园地。在管理的过程中，"管"体现的是严谨认真的态度，"理"则蕴含了科学高效的方法，而贯穿始终的，是那座名为"爱"的桥梁，它连接着每一个心灵。我将秉持积极向上的心态，运用恰如其分的管理策略，以及满腔的热爱与关怀，去引领这个集体。我的目标是通过情感的温暖触动学生的心弦，激发他们的内在动力，让每一分努力都源自内心，每一分进步都被记录，与学生共同绘制出班级发展的辉煌篇章！

【案例3】如何落实定岗定责

该放手时就放手

——定岗定责在班级管理中的重要作用

大连南金实验学校　刘英雄

作为一名教育工作者，我经常听到周围的家长和同事这样抱怨，现在的孩子真不好管，班级管理漏洞太多。很多时候人们都在讨论班主任应该如何从事班级管理，其实不然，在教育共同体中，学生有管理班级的责任和能力，教师只是在初级阶段教会他们管理班级的方法，而后便无须事必躬亲了。

小学阶段是孩子们自我意识日益觉醒的重要时期，他们如同初升的太阳，充满活力与好奇心，对世界保持着乐观的探索态度。然而，这一阶段的他们也面临着经验不足、自我控制力尚在发展的挑战，情绪波动较为显著，易受外界环境"染缸"效应的影响，即"近朱者赤，近墨者黑"。

作为班主任，我深感责任重大，致力于构建一个让每名学生都能积极参与班级管理，真正成为班级主人的环境。这要求我不仅要激发学生的主动性和创造力，还要引导他们学会自我管理和团队协作。通过设立多样化的班级岗位，鼓励学生根据自己的兴趣和能力选择参与，让每个人都能在班级中找到属于自己的位置和价值。同时，加强沟通与交流，让学生感受到被尊重和被需要，培养他们的责任感和归属感。最终，我们共同营造一个和谐、积极、向上的班级氛围，让每名学生都能在这个大家庭中茁壮成长。

经过多年班主任工作的学习和总结，今天我将从以下几个方面和大家分享我的经验所得。

一、树立小主人意识，让学生自主参与班级管理

传统的班主任管理，是班主任一手包办，实行"保姆式"管理，有害学生身心健康的"警察式"管理，两眼死盯着是否规范的"裁判式"管理。在长期的被动封闭的管理下学生失去了表现其个性优势的机会，阻碍了学生的发展。基于此，我致力于给予学生充分的自主权，鼓励他们实践自我管理，开展自我教育，旨在深切培养他们的主人翁意识，使之成为现代班级中真正的主人。这一过程不仅是学生个人成长的关键步骤，更是我们教育工作者不可推卸的重要职责与使命。

首先我在班级推行"纪律班长"和"晨读班长"轮流制，除此之外，我又额外设置了值日班长岗位。值日班长的选拔采取学生自愿报名的方式，通过竞争机制选定，随后可以轮流担任。每位当选的值日班长都将承担起组织并管理当天班级各项活动的重任。一天结束时，要发表自己的值日感想，学生们要对他们一天的表现进行点评，当戴上由我专制的值日牌时，他们的脸上洋溢着自信的笑容，他们体会最深的是定岗定责时，那份责任的需求让他们感到自己是班级的主人。

晨读班长这个岗位为孩子们提供了更多锻炼的机会。每天早上，第一个收拾好书包的孩子，便可以站在讲台上组织晨读。一个小小的晨读

班长不仅激发了学生阅读的兴趣，提高了他们自我约束的能力和组织管理能力，同时也增强了主人翁意识。

二、展现学生个性风采，让每个人都能在自己的专长上大放异彩

构建一个卓越的班级社群，仅凭少数班干部的力量是远远不够的。核心在于激发每一位学生的内在动力，通过多样化的策略与机会，让每位同学都能持续进步，共同促进班级整体的蓬勃发展。班级里有许多小专干，比如，负责检查作业、组织课堂分组学习的小组长；负责领读语文、英语的科代表；负责卫生检查的小组长、卫生委员，甚至图书角、卫生角，班级里的每一个垃圾桶、每一盆花、讲桌物品摆放等都有专人负责。根据他们各自的优势分别给他们配一个角色，让他们各显其优、各司其职、各负其权、各尽其责。教师在任命之后，千万别忘了做好检查。每天的评比活动，句句发自内心的赏识，会调动每一名学生的积极性，增强他们的成就感和自信心，更会让他们自觉改正自己的不足，在以后的工作中发挥各自的聪明智慧，更积极主动地参与班级的管理，人人都可以在集体中找到一个合适的位置，人人都为集体做贡献，还怕这个班集体没有生机和活力吗？

三、相信学生能力，自主开展活动

有的班主任一直充当着"老母鸡"的角色，他们一直把学生掩在自己的羽翼下，不敢放手让他们自己觅食。起初，我或许抱有过度的简化观念，认为小学生尚显稚嫩，难以在事务中与他们进行深入沟通与协商。然而，随着经验的积累，我意识到这种看法有失偏颇。儿童的世界

自有其独特的运行逻辑与活动规则，这些微妙而深刻的规律，往往超出了成人的直接认知与理解范畴。

2018年6月5日，在我的组织下，我们班开展了首届"童心绽放，梦想起航"南金梦想秀活动。这次活动从策划、排练到呈现，共历时一个月。排练过程中，我将每一个节目都建立了一个微信群，并选了一名家长当负责人。这名家长负责组织，找时间排练，准备服装道具。我只需要和各节目负责人沟通交流，遇到问题可以在最短的时间内解决。就这样我们班的孩子在活动中增强了自信，提升了展示自我的能力，同时也增加了班级的凝聚力。这次活动让我认识到，定岗定责不只适用于学生，同样适用于家长。只要合理恰当地运用好定岗定责，我们的班主任工作会变得更加轻松。

要确保学生在集体中扮演既合适又令其满意的角色，让他们深切体会到自己是集体不可或缺的一分子，方能尽情展现个人才华，从而赋予班集体以勃勃生机与无限活力。因此，在构建班级共同体的过程中，我们应适时放手，让学生成为舞台上的主角，为他们搭建起自我管理与才华展现的平台。通过积极鼓励学生的参与意识，让他们深度融入班级管理之中，这样的班级才能凝聚起更为强大的力量，成为一个更加紧密团结的集体。

【案例4】如何落实三全育人

三全育人，立德树人

——浅谈中小学学校德育管理机制的建构

大连南金实验学校　杨　禄

一、全员育人

在大连南金实验学校里，每一位教师和教育工作者都深知自己肩负着育人的责任。比如，语文老师张老师，不仅在课堂上传授知识，还以身作则，用自己对文学的热爱和严谨的治学态度影响着学生。她经常与学生分享自己的阅读心得，引导学生感受文字背后的情感和价值观。学校也为教师们提供了良好的教育环境，定期组织教师培训，为教师提供丰富的教育资源，让教师能够更好地履行育人责任。

二、全程育人

从学生踏入校园的那一刻起，学校的德育管理机制就开始发挥作用。新生入学时，学校会组织入学教育，通过讲解学校的规章制度、开展班级活动等方式，帮助学生尽快适应新环境，树立良好的品德和道德观念。在日常的课堂教育中，各学科教师都会将德育内容融入教学中。例如，在历史课上，老师通过讲述历史人物的故事，引导学生思考什么是正义、勇敢和爱国；在数学课上，老师通过小组合作解决问题，培养学生的团队合作精神和责任感。此外，学校还通过社团组织、校园文化建设等形式，为学生提供全方位的德育指导。比如，学校的志愿者社团经常组织学生参与社区服务活动，让学生在实践中感受帮助他人的快乐，培养学生社会责任感。

三、全方位育人

学校注重学生的全面发展，不仅关注学生的学习成绩，还注重培养学生的品德修养、实践能力和创新思维等综合素质。学校开设了丰富多彩的德育活动和课程，如社会实践、艺术体验等。在社会实践活动中，学生们走进企业、工厂，了解社会的运行机制，感受劳动的价值；在艺术体验课程中，学生们学习绘画、音乐、舞蹈等艺术形式，培养审美情趣和创造力。同时，学校还积极营造积极向上的校园文化氛围，举办主题讲座、文化艺术活动等。比如，学校邀请专家举办"道德与人生"主题讲座，让学生们在聆听中思考道德在人生中的重要性；学校还定期举办校园文化艺术节，为学生提供展示自己才华的平台，培养他们的自信心和团队合作精神。

四、学校德育管理机制的建构

（一）制度建设

规章制度的建立：大连南金实验学校制定了明确的学生行为规范和纪律要求，如《学生日常行为规范》详细规定了学生在课堂、校园、宿舍等场所的行为准则。同时，学校通过班级会议、校园广播等方式，确保行为规范的实施和执行。

奖励制度的设立：学校建立了积极激励机制，设立了"品德之星""文明学生"等荣誉称号，定期表彰在品德方面表现优秀的学生。

通过这种方式，激发学生对德育的积极参与和努力，鼓励他们树立正确的道德观念和行为习惯。

纪律管理机制的设立：学校建立了规范学生行为的纪律管理体系，对学生的违纪行为进行及时处理。同时，学校注重对违纪学生的教育和引导，帮助他们认识到自己的错误，改正不良行为。

（二）教学与德育的结合

德育融入学科教学：各学科教师都注重将德育内容融入教学中。在语文课上，老师通过分析文学作品中的人物形象，引导学生树立正确的价值观和道德观念；在物理课上，老师通过介绍科学家的故事，培养学生的科学精神和创新意识。

校园文化建设：学校积极营造有利于德育的校园文化氛围。校园内布置了许多文化宣传栏，展示着名人名言、道德故事等内容；学校还定期举办文化艺术活动，如书法比赛、绘画展览等，培养学生的审美情趣和道德情操。

德育活动的组织：学校组织了丰富多彩的德育活动，如社会实践、志愿者服务等。学校与社区合作，建立了多个社会实践基地，让学生们有机会参与社区服务活动，如关爱孤寡老人、环保宣传等。通过这些活动，学生们在实践中感受和实践道德观念，培养了社会责任感和团队合作精神。

（三）家校合作

加强家校沟通：学校建立了良好的家校沟通渠道，通过家长会、家长信箱、家校联络册等方式，及时了解学生的德育情况和问题，共同制订家庭教育计划。例如，学校每月都会召开一次家长会，老师会向家长汇报学生在学校的表现，包括学习情况、品德表现等，并征求家长的意见和建议。

定期家长会和家访：学校定期组织家长会，与家长交流学生的德育情况和进展。同时，老师还会定期进行家访活动，深入了解学生家庭背景和成长环境，为德育工作提供更全面的支持。比如，李老师在一次家访中发现，学生小明的父母经常吵架，这对小明的心理产生了很大的影响。李老师及时与小明的父母沟通，帮助他们解决家庭矛盾，同时也对小明进行了心理辅导，让他能够健康快乐地成长。

（四）评价与反馈

建立评价体系：学校制定了德育评价指标和评价标准，综合考量学生的品德表现、道德素养和参与度等方面，全面评估学生的德育成绩。评价体系注重客观性、全面性和科学性，能够真实反映学生的德育发展情况。

及时反馈和指导：学校通过评价结果向学生和家长提供及时的反馈和指导。老师会通过个别谈话、评语书写、学习总结等形式，与学生进行沟通和交流，帮助他们认识到自己的优势和不足，并提供具体的建议和指导。例如，王老师在给学生的评语中，不仅肯定了学生在学习上的进步，还指出了他在与同学相处方面存在的问题，并提出了改进的建议。通过这种方式，学生能够更好地了解自己的成长情况，不断提高自己的品德修养和综合素质。

总之，通过全员育人、全程育人、全方位育人的实践，以及学校德育管理机制的不断完善，学生们在品德、知识、能力等方面都得到了全面发展，为他们的未来发展奠定了坚实的基础。

第五章

班集体活动，德育工作的动力

组织与开展班集体活动，是班级生活的重要形式，也是增强班级集体荣誉感的有效办法。班集体活动能够丰富学生的班级生活，也可以通过班集体来促进个人更好的发展，为学校德育工作注入强大的动力。可以说，班级活动占有极其重要的地位，直接关系到学生的生活、学习和教师的教育教学质量，班集体积极组织开展各种有意义的教育活动，参与学校各项有意义的活动，能发挥娱乐、导向、育人的功能，促进学生在活动中形成相互关心、尊重理解和协作的关系。

第一，德育工作在班级活动中成长。组织好班级活动，可以有效促使德育工作的成长。基于班级活动，强化了学生实践体验，从中不仅可以获得身心的愉悦与放松，更能够得到思想品格的熏陶，达到情操的陶冶、感化与引导。经常组织开展灵活多样、行之有效的班集体活动，对于班主任而言，也能够更好地了解学生并实施有针对性的教学指导。比如，面对那些性格内向腼腆的同学，通过班集体活动，可以激发他们的兴趣，进而在兴趣的带动下，变得越来越活泼、开朗，以更加积极、开放、包容的状态投入到学习及生活当中。面对那些性格外向、热情开朗但是不够稳重踏实的学生，通过组织开展班集体活动，特别是在其中能够给予他们一定的职务或担任一定的任务后，他们便会全身心投入，变得更加冷静、踏实、专注。通过组织开展一系列班集体活动，不同的学生都能够参与其中，发挥自己积极的作用，进而得到相应的发展。

第二，活动中提升认知与发展能力。丰富多彩的班集体活动，也是寓教于乐的过程。在参加各种活动的过程中，可以从不同维度来开阔学生的认知视野，同时结合感知、思考、体验、尝试等，获得能力的提升。班集体活动，可为学生创造应用书本知识解决实际问题的机会，同时在认知与感知生活的过程中，获得逐步积累与强化人生经验与技能的机会。

第三，活动中学会做人，班级中由于学生个性化差异的存在，特别是一些问题学生，他们身上所表现出来的自私、霸道等坏习惯，给班级德育带来了不小的难度。而基于班集体活动，为学生们创造了密切、深入的交往机会，同学们互相协作、互相支持与帮助，审视自己的同时，自觉地学习他人的优点与长处，不断改进自己，学会正确处理与他人、与集体的关系。班集体活动可为学生的道德认知及判断等提供宝贵的实践机会，在立足已有经验认知进行反思与进步的同时，也能够不断获得新的道德认知、判断与情感，实现自我的逐步提升与不断完善。

第四，活动中学会团结互助。班集体活动，更加强调以班、队、组等为单位，进行通力的合作与交流，能够集合成员的力量与智慧，以获得在竞争中的优胜。而在此过程中，学生们只有悟出了团结的道理，能够团结互助，才会达到德育的目的。基于班集体活动，使学生们在潜移默化之中展现了与人相处的魅力并发扬了团结互助的精神。可以说，丰富多彩的班级活动，是班级培养学生素质能力的重要形式，也是引领整个班级向着更好方向发展的有效办法。在班集体活动开展的过程中，学生的个体素养也会得到有效的发展与提高。

第一节　有效整合学科教学育人与班级主题教育活动

一、注重结合学科教学进行育人活动

2021 年，教育部举办的金秋系列新闻发布会上明确提出，重大主题教育要结合学科特点，以有机融入为主，注重发挥综合育人效应。总的来说，要坚持"全程思政、全员思政、全方位育人"的工作思路，从学科教学向学科育人转变。长期以来，不少人存在错误认知，认为思政工作应当只是道德与法治学科教师的事情，对自己而言无关紧要。对此，首先要锻造教师信仰，实现从"单兵作战"到"全员育人"转变。如每周组织思想政治理论学习活动，围绕习近平新时代中国特色社会主义思想为主要内容进行深入学习。引导广大教师，特别是班主任及思政教师，充分了解国情、党情、社情及民情等，增强班级管理及思政工作的针对性与实效性。通过锻造教师信仰的行动实践，创新实施全员培训、社会实践以及项目带动等多种方式途径，要求全体教师坚定中国特色社会主义理想信念，牢固树立"四个意识"，高度坚定"四个自信"，切实践行"两个维护"等，切实确保教师有信仰、有情怀。其次，要秉持立德树人，促进教学与育人的"双管齐下"。全体教师都要秉持并贯彻立德树人的根本目标，将道德规范、心理健康以及法制观念等有机融入各科教学当中，大力推进德育进课堂，达到一体化发展。组织教师全员进行培训、赛课与评课等，确保德育成果的实现。最后，传承红色基因，实现从"千校一面"到"一校一品"的转变。充分挖掘与利用地区红色资源，加强革命文化教育，通过国旗下演讲、观看红色电影、参观红色遗址遗迹等主题活动，使学校充盈红色文化，打造"一校一品"的特色德育发展模式。

除此之外，从微观角度来讲，也要善于在日常的学科教学中渗透德育。第一，要找准学科教学中的德育渗透点。教材是教学的根本与依据，蕴含着深厚的文化底蕴。所以说，教师要深入理解教材，挖掘其中的文化元素实施德育渗透。当然，德育因素潜藏于教材之中，并非以显性状态而存在。教师要有良好的教材驾驭能力，在阐述教材知识的同时，能够实施德育。在此过程中，要突出学生的主体地位，遵循学生的心理特点，找准实际来实行德育。第二，要找准学科教学德育渗透的时机。学生们对于事物都有着自己独到的见解与看法，那么相应的德育也要能够顺其自然，方可水到渠成。相反，如果不讲时机地盲目灌输，只能是费心费力，难以取得预期成效。在找准时机进行德育的过程中，关键是要把思想情感与教学内容有机结合起来，以此来引发学生的强烈共鸣，生成强大的教育合力。也就是说，要立足于教材内容来挖掘其与学生情感的连接点，能够循循善诱与因势利导，让学生在学习文化知识的同时，品味人生百态、酸甜苦辣，以此来潜移默化地引导学生，达到润物无声的效果。第三，要找准学科教学中德育渗透的度。在学科教学过程中，进行德育渗透要有度可言，既不可蜻蜓点水式的敷衍了事，也不可来来回回地反复强调。可见，如何把握这个度也并非一件容易的事情。很多情况下，教师需要完成既定教学任务，需要达成预定教学目标，尤其在面临强大升学压力的情况下，往往更为关注知识的传授及能力的培养上。相对来讲，德育会遭受忽视，加上其需要长期的教学投入且成果不易被检测与量化等，使得德育一度处于尴尬境地。所以说，新时期学科教学中，要把握好渗透的度，既不可应付了事，缺乏深度及成效，也不可渗透过分，欲速则不达。

二、班级环境为基础的学科教学

学校环境尤其是班级环境，对于学生的影响不言而喻，具有强大的影响力与感染力。对于学生而言，大多数时间都在班级环境中度过，尤其是正处于成长关键时期的学生，班级环境的好坏优劣，对于他们当下学习乃至今后成长等都具有深刻且深远的影响。当然，对于班级环境的理解与认知，也要系统和深入，其有"硬环境"与"软环境"之分。其中，"硬环境"指的是客观物质环境，比如班级的环境布置等。而"软环境"所包含的内容比较广泛，比如教育氛围等。新时期，在打造梦想班级的过程中，我们应当在优化班级环境的同时，善于以班级环境为基础来实施学科教学。总的来讲，为优化班级环境，首先，就要美化环境。一个和谐、温馨的班级环境，给人一种如沐春风般的良好感受，对陶冶师生情操、沟通师生情感、激发师生教学热情等具有非常重要的作用。当然，班级环境的美化程度在反映班级精神面貌的同时，也体现了教师的管理水平。比如对教室进行布置，对黑板上方、教室四角等进行美化，依靠基础审美范式，注重对称美以及结构美。让有美术功底的学生参与进来，其他同学也可以根据自己的意愿参与进来，既可以贡献自己的力量，也可以建言献策。使整个班级环境设计不仅突出了直观上的视觉美，还更具心灵美，一眼看上去充满正能量的同时，更成为师生美好回忆的见证。其次，要培育精神，张扬个性。班级生活中，班级文化的塑造与生成是一个螺旋式上升、逐步式深入的过程，为更好地体现班级的精神面貌，扎实班级的文化底蕴，就必须要多元化发展。其中，鉴于学生个性化差异，我们需要在着重精神培养的同时，能够张扬个性。比如，在评选方面，除了有传统的"优秀班干部""三好学生"以外，还要有"校园小歌手""小小发明家"等评选称号。另外，也要多观察学生的日常表现，设置"积极分子"以及"进步奖"等荣誉称号。通过推进赏识教育，给予学生正向引领，驱除他们内心的不良心理，引领其身心健康发展。关注学生的个性与特长，相应地营造适应其个性发展的良好文化氛围。最后，要形成特色、积极向上。极具创新特色，积极向上的班级文化，可以内化为进取的力量，形成前进的内生动力，进而联合外部力量共同推动学生的进步与发展。具体来讲，可以设置"成长的足迹""我的作品展"等优秀习作及绘画作品展示栏，将学生引向更为广阔的天地，使学生们驾着知识的小舟快乐徜徉与积极探索。另外，也可以组织开展"车轮滚滚""蜈蚣走路"等趣味体育活动，培养学生的合作意识、精神意识以及团队协作能力。基于班级环境的优化，可以营造良好的课堂氛围，为各科教学提供一个良好的环境条件，有效提升教学质量及办学效益。

三、实施多学科整合的班级活动

学科教学与班级活动是班级生活中两个不可或缺的重要组成部分，目前二者以相互独立、互不相关的状态共同存在于班级生活之中。学科教学是各学科教师的专业领地，班级活动是班主任的专业领地。在实践中，班主任通常为班级活动的策划与实施而煞费苦心，很多时候处于茫然无措的状况。而学科教师通常把教学目标完全瞄准教学考试，师生双方精疲力尽，教学成效不尽如人意。这样的分割与独立，只能任由丰富的教学资源白白浪费。对此，我们需要将班级活动与学科教学有机融合起来，形成强大合力，发挥共同的作用，共同促进学生的健康成长。

班主任要联合各学科教师，开展多学科资源整合的班级活动。比如，以"爱科学"为主题，以"纸"为对象，设计一个班级活动，让学生们以小组为单位，进行相关资料的收集与整理，形成对"纸"的全面科学的了解，进而学会合理使用纸。

第一，进行"学科总动员"。班主任与各科教师协调时间，选取一个合适的时间，召集各科教师进行团队会议，说明情况。让各科教师能够立足本学科内容，向大家渗透"纸"的相关知识，基于课堂渗透，来让学生体验纸对人类的各方面用处。

第二，"各学科教师闪亮登场"。体育老师指导学生进行"纸飞机天上飞""纸团投掷训练"等游戏活动；音乐教师带领同学们学习《我是纸》的歌曲；语文教师开展"未来的纸"为主题的写作等。通过各科教师围绕"纸"立足本学科所进行的全方位渗透，使孩子们对纸有了更加全面的认知，对纸形成了越发浓厚的兴趣。

第三，召开"让纸娃娃重展笑容"的班会课。设定"哭泣的纸娃娃"的童话情景，然后将全班分成四个小组，让每小组以童话剧的形式，围绕给定情景进行排演并完成总结。针对四个小组，分别提出"感到自己无用的纸""担心自己家族灭绝的纸""生活在教室里的纸""担心自己未来的纸"主题进行自主排演。其中，第一小组结合各学科教师对"纸"不同的渗透，排演生活及生产中纸的多样化用途情景，最终对纸的用途进行整理、补充与总结，得出纸张在人类社会中的多样化用途。第二小组结合对造纸材料及过程的调查与情景排演，让大家了解造纸需消耗大量的树木，引发我们对环保的思考，得出要养成节约用纸的好习惯。第三小组结合日常观察，可以教室中的"纸"为主角排演故事情景，展示教室中不同的"纸"的不同经历与遭遇等，揭示日常用纸要少用、巧用的道理。第四小组充分发挥自己的联想与想象，基于情景来展示未来的纸所具有的强大功能，比如橡皮擦不破的纸、寒冷时可以盖在身上防寒的纸、可以随意变颜色的纸等，表达对未来纸的无限遐想。

基于各学科资源的融合，实现班级活动的创新，更好地服务于学生的学习及成长。当然，在此过程中，需要班主任要有较强的组织协调能力、策划能力以及创新能力等。班主任与各科教师之间，要积极转变观念，改掉以往学科孤立、"闭门造车"的狭隘思维，树立"以生为本"的"多学科融合"的理念。使班级不仅仅是学生上课的地方、传播知识的重要阵地，更是学生发展的有效平台。以此，积极探索与有效走出班级发展的创新之路。

第二节　有针对性地组织开展德育活动

德育是一个作用于精神世界的独特过程，当然也是一个循序渐进、深化发展的过程。这一过程中，德育获得实施，德育目标的实现均依赖于学生作为主体的自我认知、选择、认同及发展。对此，必须要有针对性地组织开展德育活动。总的来讲，应要把握好以下三点。

首先，活动的目标要具有针对性。班级德育活动，应具有明确可行的目标。当然，这一目标的制定并不是某一位班主任的主观想法，而要能够置于大局环境下，具有较好的适应性。也就是说，要符合学校整体的德育要求，可作为学校德育的子系统，当然也要充分考虑到学生的个性特征与实际情况，具有针对性。比如现实生活中，我们有些学生对家长的逆反心理表现严重，时常对家长发脾气，他们与家长找不到共同语言，认为家长思想保守、陈旧，根本不理解他们，进而导致父子、母子间感情冷漠等。针对这种情况，班主任应当及时有效地消除学生与家长间的隔阂与矛盾，使彼此之间多一些理解与信任，多一分耐心与包容等，最终使学生懂得孝敬与感恩父母，能够更加体贴地对待父母。对此，可以设定"懂得孝敬父母，关系体贴父母"的教育目标，通过组织开展"你的父母知多少""中秋家庭大团圆"等系列主题活动，来开展主题教育，落实教育目标。无数教育实践证明，德育教育目标针对性越强，越能够符合学生学习及生活实际，越能够激发学生的积极情感，越能够使目标落于实处。

其次，活动的实施要具有践行性。正如宋代思想家、教育家朱熹所言："论先后，知为先；论轻重，行为重。"同样，对于班级德育而言，要想取得实质性成效，就必须要确保德育活动的践行性。也就是说，要让全体学生都能够积极主动且有效地参与到德育活动中。当然，在具体的执行实施过程中，我们还需要遵从关键要点。比如，要突出实践环节的设计，以科学有效为原则和基础，能够照顾到全体学生，符合学生的身心发展实际，以确保全体学生有能力、有条件地参加。比如，要有集中突出的活动主题，活动过程及行为要求都要简单明了、易于操作、切实可行。另外，除了要按照教师规定的实施之外，还要给予学生足够且灵活的展示空间，能够给学生发挥创造留有余地。比如，要能够有效激发学生的道德需要，实施强有力的德育引领及示范，指导学生们克服活动参与过程中的心理障碍及外部不良因素的干扰，能够以坚定的意志力、对目标的执着追求等，顺利且高质量地完成道德践行的任务。

最后，活动指导要突出民主性，在德育活动的设计与实施的整个过程中，都要贯彻落实民主性原则，包括在活动中教师要与学生平等交往、双向沟通，要关注学生的心理需求及情感认同等。另外，在德育方法的选择上，既要足够丰富，也要足够灵活。比如，改变传统的单项灌输及生硬命令等，采用说明、暗示、榜样示范以及情感陶冶等方式，消除学生内心的隔阂与不安，让学生深度参与的同时，能够真实地表达，敢于说出自己的心里话，也敢于说出不同的意见想法，基于彼此间的意见互换来达到求同存异。可以说，只有营造民主和谐的德育氛围，才能够赢得学生的认可与接受，继而才能够更好地激发学生的德育需要，活跃他们的道德思维，形成完整良好的道德判断能力，具有独立的道德行为能力，等等。

一、根据中学生世界观、人生观、价值观形成的特点

如何加强与改进学校德育工作，强化学生的道德品质，是当前德育工作的重要课题，也是关乎国家及民族发展前途的大事。我们要切实遵循教育教学规律以及学生的成长规律，能够结合学生"三观"形成的规律与特点，然后有计划地组织开展极具针对性和有效性的德育活动。结合学生的身心发展实际，来积极探索德育工作的内在规律，找出有效的应对策略，创新实施行之有效的活动方式。基于各种形式多样、丰富多彩、贴近生活的活动，发挥活动的特殊魅力，做好德育工作，取得良好效果。

第一，可以通过各种实践活动来进行德育工作。学生们正处于身心快速发展的重要时期，也是世界观、人生观及价值观逐步建立与完善的关键时期，单纯的说教既不会令其信服，也不能够取得良好效果。所以说，应当多让学生走出校园，深入社会，参与一些有价值的实践活动。通过亲身实践与深入感知，让学生充分了解国情、了解社会，引导学生树立正确的世界观、人生观及价值观。比如组织开展社会调查活动，在寒暑假向学生布置一些社会调查的任务，提供多个选题由学生任选其一，如果觉得没有自己感兴趣的，学生也可以发挥自己的主动性与创造性，自行拟定调查题目。要确保社会调查内容的广泛性，能够涵盖企业、工厂、商业及社区等。学生要详细且明确地记录调查的过程，最终生成合格的社会调查报告。除此之外，还可以组织开展参观教育活动

以及社会服务活动等。把深刻的教育内容与有趣的活动实践有效融合起来，开阔自己的认知视野，同时积累融入社会、适应社会的多元化能力。

第二，可以通过举办各种文娱活动，来对学生进行德育工作。这样的活动生动且不失教育意义，既可以愉悦学生的身心，也能够培养他们奋发向上、积极进取的精神。比如，可以举办重大纪念日活动，在"五四""七一""八一""十一"等重要节日中，组织开展知识竞赛、演讲比赛及唱红歌比赛等纪念活动。基于活动的实施、文化的浸染，净化学生心灵，引发学生深思。激发学生对祖国的热爱之情与民族自豪感，生成报效祖国的强大内生动力。再比如，举办民族传统节日活动，结合我国传统节日，如端午节、中秋节、元宵节等，在校内组织系列庆祝活动的同时，传承与弘扬传统文化，生成浓郁的德育氛围。

第三，可以通过举办各种讲座活动来进行德育工作。比如，可以实施文明法纪教育，开展青少年学法活动，聘请公安及交警同志来校作法治宣传、交通安全教育等讲座活动，增强广大学生学法、懂法、守法的意识及能力。再比如，开展向模范人物学习活动，邀请地区先进个人、革命老前辈等，到校举办先进典型学习大会，了解他们的事迹，学习他们的精神。大会结束后，各年级、各班都要进行回顾、讨论、反思。开展征文、演讲以及相关实践活动，在掀起校园内先进人物学习浪潮的同时，进一步促进先进人物精神的"落地生花"，真正达到内化于心、外化于行。

总的来讲，德育工作是一项系统工程，其重要性不言而喻，但极为繁杂有难度。对于我们而言，在推进德育工作中，应能够结合学生的特点，有针对性地组织开展德育活动。精心设计与组织开展内容多样、形式新颖、吸引力强的德育活动，在激发学生参与热情的同时，不断提升德育工作的针对性与实效性。

二、实施德育民主

我国著名的教育学家陶行知曾说过："道德是做人的根本一环，纵然你有一些学问和本领，也无甚用处。没有道德的人，其学问和本领愈大，就能为非作恶愈大。"所以说，教师在教学中要关注德育，培养学生求善的意识与习惯。然而，长期以来，我国学校德育大多呈现强制性、说教式、唯知识论以及封闭性的特征，使得学校德育工作的针对性与实效性不强。集中表现为德育教育工作与青少年身心发展实际及需求不相适应，与社会生活的变化发展不相适应，与全面推进素质教育的客观要求不相适应等。学校德育工作的丰富性也不够，通常来讲，都是把德育看成是一种单纯的知识传授以及机械的道德训练行为来进行。鉴于此，我们可以实施德育民主。

在实施德育的过程中，灌输式教育不可取，学生的主体地位及作用不容忽视，学生身心发展规律要切实遵从，不是让学生去适应德育，而是要让德育去适应学生。只有这样，德育才会更容易被学生认可与接受，也才能够逐步达到德育的目标。概括来讲，德育民主有助于树立学生的主人翁地位，只有确保了学生的主人翁地位，唤醒学生的主人翁意识，才会唤醒学生强烈的使命感、责任感和荣誉感；为了顺利实施德育工作，可以从学生更加熟悉或适应的家庭生活、学校生活以及社会生活情境入手，引导他们在实践之中，感知真、善、美，体验文明的生活方式并养成良好的行为习惯等；有助于学生自我教育，德育民主突出学生的自育主体，通过采用适宜学生身心发展规律的、更能够被学生所接受的方法进行实践，引导其在主动探究中主动改变，渐渐形成道德行为的内生动力，养成良好的道德行为习惯；有助于使德育工作快速适应社会发展的要求，对学生进行细致深入的调查，精准掌握学生的思想动态，才能够进行更具针对性的教育与引导。总的来讲，德育民主的实施，充分体现了协调互动的积极功效，有助于开辟与打造和谐、稳定、有效的德育新局面。德育民主的实施，提升了德育的针对性与生动性，发挥了德育的魅力，强化了德育工作成效。

第一，实施德育民主，就必须要改变传统自上而下、独断专行的传统德育模式，将德育与对受教育者的思想及行为的严格要求紧密结合起来。不歧视、不压迫、不侮辱学生，要尊重、理解和信任学生，尊重他们自愿且平等参与德育活动的权利。在日常班集体任务及活动中，主动与他人比较，在评价中判断自己的行为，具备主动提升自己道德认知水平的意识及能力。要有认知与审视自己的意识与能力，可实现理想自我与现实自我的统一，能够从虚幻的自大走向现实的独立。在道德实践活动及群体交互关系中，能够适时且有效地调节自己，适应环境的变化，形成稳定的心理，遵守一定的道德规则，实现自我的逐步发展及完善。

第二，在创设活动载体的同时，加强引导与激励。让学生们在活动中不断激发自己的内在动机，在追求自我价值实现的过程中，基于道德观念、价值标准的赏罚，进一步促进责任感、归属感以及成就感等的形成。当然，如果未达到预期，则需要引导学生准确归因，接下来以更好的表现去证明自己，同时也实现道德的提升。

第三，德育的目的本身就是为了让学生更为自律，使他们能够充分认知并切实遵守道德规范，任何人都没有也不应享有特权。所以说，在日常德育工作中，教师只需要引导学生认知现代社会对"好人"的标准、如何才能够得到别人的尊重与认可等。然后，将这些内容细化与量化处理后，融入集体及个人成长的目标当中。这样一来，学生会更加积极主动地思考并向着目标不断前进。

所以说，我们应当能够充分理解、尊重及信任道德的实践能力，基于一个个极具挑战性的集体任务环境，强化学生的道德水平，引导其树立正确的道德行为方式等。而这，才是真正的德育民主。

三、"问题学生"转化

"问题学生"的转化，被喻为德育工作的最后一公里。一提起"问题学生"，不论是班主任、学生及科任教师，还是家长等，都感到头痛。相较于一般学生，"问题学生"在思想、行为及处事方式等方面，都有着很大的不同。与此同时，"问题学生"也大多有自己的看法和认知，教师的管教也好，引导也罢，短时间内很难取得直观明显的进步。所以说，对于"问题学生"的转化，往往是一个比较复杂和辛苦的过程。学校要联合家庭及社会，基于彼此间的通力合作，来进行探索与尝试，不断总结有益经验，发现内在规律，把"问题学生"的转化工作真正落于实处。总的来讲，在"问题学生"转化的过程当中，首先要做的就是分析问题找原因，结合对学生身上所发生的问题的分析，来深度分析与寻找其内在的原因，进而找出转化的有效办法。其次，要基于问题想办法，学生身上所发生的问题绝非单独事件，我们要透过现象看本质，结合对问题产生原因的全面精准把握，来找出解决问题的有效办法。比如，有的问题的发生是由于学生不良的行为习惯所造成的，所以在想办法的时候就需要我们对学生进行全面的调查，充分了解其家庭情况与朋友圈情况，顺藤摸瓜式地搜索，这样很快就能够找到解决问题的方法。比如，有的学生上课走神、经常逃课，通过调查其家庭后发现，因父母常年在外缺乏陪伴和教育，导致学生思想及行为上出现偏激等。所以说，解决学生问题的过程中，不能只简单地从学生单方面下手。最后，要想好办法促转化，转化是手段也是目的，当然转化的过程也要讲究技巧与方法，能够突出重点与关键。

第一，要帮助学生建立自信，面对"问题学生"，部分师生会戴着有色眼镜去看待他们，甚至是自觉地厌烦、远离他们，这样一来不仅不利于"问题学生"的转化，反而还会使其自信受损。所以说，建立自信是第一步。不论班主任还是各科教师，都不能只看学生一时的学习成绩，更不应学生身上出现了一定的问题就用另样眼光去看他们。相对应来讲，要善于捕捉学生身上的闪光点，能够以欣赏的眼光去看他们，多给予肯定的评价等。这样一来，可以大幅提升学生们的自信，也能够让他们自己更加全面正确地看待自己，看到自己的潜能。

第二，要积极寻求家长的有力配合，家庭教育是促进并巩固学校对"问题学生"转化的必要保证，故而在平时工作中，要对"问题学生"的家庭进行走访了解，与学生父母多交流，建立家校联系平台和机制，基于密切有效的配合，来生成教育合力，有效促进"问题学生"的转化。

第三，要用爱心陪伴成长。对于"问题学生"，不仅不要冷眼相看，反而要给予足够的爱心与呵护，在给予他们尊重的同时，用情感上的交融来逐步消除他们心理上的障碍及负担。以"问题学生"的有效转化，来促使德育工作迈上一个新的发展台阶。

第三节　身心健康的教育活动

健康的体魄，美丽的心灵，这是育人的终极目标，更是德育实施的核心追求。其中，贯彻落实"健康第一"的指导思想，同时还要注重内外兼修，尤其是不能只有健康的体魄但缺乏健康的心灵。在组织引导学生加强体育锻炼、增强身体素养的同时，还要注重学生的心理建设，强化他们的心理素养。使学生拥有积极健康的心理品质、健康的体魄的同时，也为健康人格和健康心理的塑造创造了一个坚实的基础。另外，心理健康教育与德育有着密不可分的关系，结合广义的德育范畴来看，心理健康教育被包含其中。由此来讲，对学生实施行之有效的心理健康教育，可极大程度上促进学生品德的发展。也就是说，在心理健康教育中进行德育渗透，有助于德育目标的达成。

一、针对中学生青春期生理和心理发展特点，有针对性地组织开展有益身心健康发展的教育活动

未成年人处于人生的重要阶段，伴随着身心的快速发育，他们的学习、生活及人际交往等方面不可避免地遇到各种各样的问题及疑惑。如果能够结合学生的身心特点，对正处于青春期的他们，给予足够关心与爱护的同时，还能够加强教育与引导，特别是组织实施一些有益于他们身心健康发展的教育活动，以此舒缓学生身心，让他们纯真的心灵在活动的摇篮中受到陶冶，就能更好地促进心理健康教育的实现与发展。

第一，可以采用故事法，仅凭单纯的说教不仅枯燥乏味，也很难实现德育内容的入脑入心，甚至还会导致学生内心的逆反与排斥。所以说，要通过讲故事这种寓教于乐的方式，来启迪学生，引发思考。比如，在实施自律及挫折教育的过程中，我们可以引入英雄人物故事，举办英雄故事分享会，让同学们自己去选故事、讲故事。基于这样的教学过程，学生们从被动接受者变为主动学习者，那些故事案例会在他们心灵深处打下深刻的烙印，同时他们也会深受启发，陶冶自己的情操，培

养自己的意志品质等。

第二，可以采用游戏法，由师生一起精心设计合作式游戏项目。基于这样的过程，让学生们明白合作、交流的重要性，养成良好的团队精神及合作能力等。

第三，可以采用表演法，比如选取英语或语文课文中的内容，排演课本剧，将大家的表演搬上小舞台，既锻炼了口语交际与表达的能力，也指导学生明确了学习及改进的目标。

二、科学安排大课间体育活动

充分利用大课间的实践，来组织学生开展"小交警手势韵律操""快乐课间活动"等，基于德育与体育的融合，形成独具特色的活动。以此增强活动育人的成效，使得德育工作更具特色及魅力，进一步贯彻落实素质教育，将立德树人落于实处。

具体来讲，在上午第二节课以后，可以安排大课间活动。整个活动的时间为30分钟，由班主任组织和带领大家进行大课间活动。大课间活动形式丰富多样，包括眼保健操、小交警手势韵律操、广播体操、小体操等。当然，具体如何选择和安排，可以根据学校要求、季节与气候条件来定。除此之外，还要组织学生进行丰富多样的课外活动，以班级为单位，开展游戏、体育趣味比赛以及自由活动等，向学生提供体育器材，当然也可以由学生自己带一些如跳绳、毽子等体育用品。课外活动统一到操场进行，每个班级划定固定区域。各个班级的整个课外活动情况都要进行详细记录，真正做到课中有记录，课后有反思。另外，学校也要对各班级的课后活动进行检查与评比，成立专项评比小组，制定详细周密、切实可行的检查评比项目及细则。同时，实施对课间活动的指导与总结。

三、"三生"教育融入心理健康教育

所谓"三生"教育，指的是生命教育、生存教育以及生活教育，是德育工作的基本内容。将"三生"教育融入心理健康教育，以此使教育更加入脑入心，真正做好内化于心、外化于行，为学生健康成长及全面发展保驾护航。"三生"教育的本质，更加突显和尊重生命及其价值。学校开设心理健康教育课程，针对学生的实际问题，引导学生心理健康发展。特别是伴随着近年来校园自杀、自残以及故意伤害等不良事件的发生，加上处于青春期的学生认知水平及价值观念等处于发展及形成的关键时期，所以需要及时有效地引导。将"三生"教育融入心理健康教育，引导学生们学会生存、学会学习、学会生活、学会做人等，是学校心理健康教育在新时代下的一种有益探索和有效尝试。

第一，在心理健康教育中渗透生命教育，指引学生领悟生命的意义与价值。初中生正以全新的面貌和全新的高度去认识这个世界，对自己的生命、人生的意义等问题有了一定的思考及主观的认识。但是，由于年龄较小、心智发展尚不成熟以及人生经验不足等，所以说他们的心理仍然可能存在一定的偏差。对此，应在心理健康教育中引入生命教育，指引学生感知生命的精彩，学会珍惜生命，爱护生命，追求人生的意义，让有限的生命散发光彩。

第二，在心理健康教育中渗透生存教育，指引学生逐步适应社会，学会生存。生存能力，是一个人健康发展的重要基础，生存中的每一项技能，都是通过学习所获得的，而且应当尽快获取。所以说，要定期开展专题活动，在引入典型案例进行学习的同时，邀请消防员、民警同志等来校作宣传。指导学生学习那些可以自保、自救的相关知识与技能，帮助学生远离危害，确保生命安全。

第三，在心理健康教育中渗透生活教育，提升生活的认知与品质。学生们虽然独立性越来越强，但是这个阶段也同样有着较强的依赖性。所以要积极引导学生养成这种独立意识，指导其学会处理人际关系，学会进行时间管理，做自己生活及学习的主人等，提升生活的品质和学习的质量。另外，我们还可以组织实施阅览活动，向学生推荐"三生"教育相关的书籍及电影，让学生们品味与感知生存、生命及生活，进而树立积极健康的生存观、生命观及生活观。

第四节　有序运行和开展班级、共青团、 少先队活动

为进一步强化德育工作，落实德育的目标，强化德育的成效，必须要发动并依靠一切可能、可用的力量，来服务于班级建设，创新活动形

式。基于各方的共同努力，从不同维度及层次出发，来打造协同育人格局，强化德育成果，加速推进梦想班级建设。

一、充分发挥少先队组织效应，开展少先队活动

伴随着青少年教育的不断推进，学校团队组织作用的重要性也越发突出。其中，为了进一步贯彻落实立德树人的根本任务，强化德育目标的实现，必须充分发挥少先队组织效应，开展团委、大队部活动。

第一，要抓队伍调整，健全团队组织。要紧抓学校团支部干部和大队部干部建设，结合党组织推荐以及民主选举等程序流程，从教师队伍中选拔一些综合素质好且极具责任意识的优秀教师，来充实学校团支部干部及大队部队伍，为日常工作的稳定有序开展提供有效的组织保证。

第二，要抓团支部干部培训，注重团支部干部队伍素质的提升。通过团支部干部培训等方式，来大力提升团支部干部的政治素养及业务水平。对团支书、大队部伍成员及少先队中队长等进行培训，使其能够在团委领导及带领下，有序开展工作。

第三，抓工作规划，促业务开展。要能够立足学校特色，结合对未成年人的思想道德教育及素质拓展教育等，制订团队工作计划，明晰工作的任务及目标，并将各项计划落实于具体的活动项目中。

第四，要抓活动载体，增强团队凝聚力。精心设计活动载体，如"弘扬与传承民族精神月"活动，以及"少先队表彰会""新队员入队仪式"等活动。学校团支部干部工作的扎实推进，使得工作有了显著成

效。同时，做好"树典型、做表彰"工作，比如评选"市（区）优秀少先队"等，并给予一定的物质奖励。

二、充分发挥共青团组织效应，开展共青团活动

共青团是学校组织中的一个重要组成部分，在推进学校建设及发展过程中，发挥着非常重要的作用。共青团组织，具有规模大、活动形式丰富等特点，而且富有朝气、敢于创新。对于学校共青团而言，要在学校党委和上级团组织正确且有力的领导下，充分发挥在组织引导学生方面的积极作用，紧紧围绕学校德育中心工作，开拓与创新学校共青团工作的新局面。

第一，要认清形势，找准位置。学校共青团是带领学生在实践中学习共产主义的学校，是党的好助手以及后备军，也是联系青少年的纽带与桥梁。所以说，共青团要发挥积极作用，通过团组织推进德育，突出意志品质教育、觉悟教育等，引导学生们思想认知不断深化，从感性到理性发展，促使德育工作环环相扣，步步深化。

第二，要立足实践，实施自我教育。共青团组织要定期组织开展各种常规活动以及社会实践活动，实施统筹安排，做到有目的、有计划、有成效地实施。同时也要积极调动学生的参与性，引导学生活学活用、学以致用。教育学生做学习的主人，能够自我体验、自我反省以及自我控制等，形成良好的自我教育能力。

第三，要广泛宣传，发挥榜样育人的作用。要利用好广播、板报、

橱窗等传统宣传阵地，还要积极拓展微博、微信等新媒体平台，做好宣传，学习典型，以正确舆论引导人，加强共青团德育工作。

三、充分发挥班集体组织效应，开展班集体活动

班主任是班级工作的舵手，是学生成才的导师，是学生灵魂的塑造者。所以说，班主任要发挥班级领导作用，充分发挥班集体组织效应，组织开展系列丰富且有效的班集体活动。

第一，如"班班创环保"活动，依靠班级环保小分队，实施环保基础知识宣讲活动，在校园内部宣传节能减排的理念，树立"环保有我，从我做起"的环保意识，随手收集废纸、饮料瓶等废品，进行集中回收，之后将所得用于社会志愿服务活动当中。

第二，如"班班讲诚信"活动，设置诚信观察员，对校内所发生的诚信或不诚信事件进行记录，采用不记名方式公示，以起到警示与表扬的作用。再比如，联名签写诚信公约，鼓励和号召学生从我做起，从每件小事做起，在家做一个诚信的好孩子，在学校做一个诚信的好学生，在社会做一个诚信的好公民。

第三，如"班班荐明星"活动，开展"校园诚信之星""校园环保之星""校园礼仪之星"等校园明星的评选活动，每个班级结合日常活动中的定量与定性评价，推荐一到两名候选人，参与学校的竞选。基于班集体组织效应及班级活动的实施，优化班级建设的同时，促使德育目标有效实现。

第六章

多元评价，德育工作的尺子

第一节　班级整体评价办法与实施

一、评价办法

为进一步加强班级管理，提升班级争先创优精神，进一步打造良好班风、学风、校风，全面提高学生素质，我校每学期以年级为单位对班级整体进行评价，评价办法如下：

从德育和教学两大方面采取加分制，德育占百分之六十，教学占百分之四十。以年级为单位，按照总分由高到低依次取年级前四分之一（不足一个算一个），评出学校优秀班集体。

如果有区级班集体荣誉评选，必须在校优秀班级基础上参评，参评班级需将近一年的班级评选的积分相加，取平均分（不到一年，按最近一学期成绩为准），分数高者当选。如遇得分相同时，由校领导和所在年级所有科任老师进行投票，根据票数高低决定。

市级班集体评选必须在区级班集体荣誉基础上参评。三年一轮，取得区级荣誉，三年内同级别荣誉不重复参评，依次类推。三年后可重新参评。

二、评价说明

（一）德育

1. 值周：获"十心美德班级"流动红旗，一次 +10 分。

2. 活动：运动会、艺术赛事等学校组织的大型比赛、活动，以班级为单位获得团体奖项的，以奖状为准，5 分一个名次（体育精神文明奖 +10 分）。

3. 班级文化建设：展板、墙报等内容，如果是拉练评比，被评为优秀的一次 +10 分；如果是学校检查，公布为合格的一次加 5 分。

4. 班会：如果有班会拉练，被评为优秀的一次加 10 分；如果是学校检查，公布合格的一次 +5 分。

5. 学生材料："海娃书"等以班级为单位上交的学生材料，每次检查时，数量一份不少并且质量按学校要求达标的，一次 +10 分。

6. 义工活动：每学期至少一次（不足一次 -10 分，多一次 +10 分）。

7. 眼保健操控制率：下降（指上学期没有近视，本学期体检近视）一人次 -1 分。

（二）教学与考试

1. 初中

以期中、期末两次考试为准，每次以班级排名和班级排名上升进行分数累计。

（1）考试总排名进入年级前三名，可 +10 分。

（2）学科单项排名年级第一名，可 +5 分，与总排名加分不冲突，可重复加分。

（3）班级名次较上次考试有所上升，可 +10 分。

2. 小学

一至二年级：以期中、期末两次考试成绩为准，语、数、英所有单项考试全学科及格率 100%，每次 +10 分。

三至六年级：以期末考试成绩为准，每次以班级排名和班级成绩上升进行分数累计。

（1）考试总排名进入年级前三分之一（不足一算一），可 +10 分。

（2）学科单项排名年级第一名，可 +5 分。与总排名加分不冲突，可重复加分。

（3）班级名次较上次考试有所上升，可 +10 分。

（三）"红旗班级"评价标准

1. "卫生"评比标准（满分 50 分）

（1）规定时间内未完成清扫任务，每处 -1 分，并责令清扫，如不合格，加倍扣分，直到清扫合格为止。（各时间段、各分担区清扫人数

严格按要求，间操每班最多 3 人，每多出一人 -1 分）

（2）教室内物品摆放［讲桌、讲台、电脑桌（包括里面无杂物），窗帘、窗台、走廊门窗（随时保持干净），黑板槽、学生桌椅、学生个人物品、卫生角、暖气上无任何物品（上方墙壁保持干净）］无序和不干净，每处 -1 分。

（3）打水清扫（目的：节约用水、保持水房卫生），凡不用水桶或水盆接水而直接到水房洗抹布者及抹布未拧干者（注：脏水必须倒在洗手间水槽内，日常清扫不允许使用拖布），每人次 -1 分，情节严重 -2 分。

（4）注意室内外卫生的保持，凡在校园内乱扔碎纸、污物、随地吐痰者，在没有按照学校规定时间（注：每天中午 11：15—12：00 在教室内可以吃）内吃水果和喝牛奶者，每人次 -1 分。

（5）个人卫生：着装（校服上不准乱涂乱画）、头发、指甲等符合中小学生标准（每周一下午自习进行检查），违者每人次 -1 分。

（补充：班级及分担区卫生检查时间早晨 7：00—7：10，中午 12：10—12：20，下午间操。）

2."礼仪及行为习惯"评比标准（满分 50 分）

（1）学生在校必须穿着校服，团员在校期间佩戴团徽，不允许敞怀、露脚脖，违者每人次 -1 分。

（2）雅言雅行：见到客人、老师不行礼打招呼每人次 -1 分；语言不文明、骂人、打架每人次 -2—5 分，并根据实际情况给予校纪处分。

（3）食堂要求文明就餐：不跑跳、不喧哗（打饭有秩序），食不言，违者每人次 -1 分，情节严重者 -2 分；少拿多取，不允许剩饭菜，违者每人次 -1 分，情节严重者 -2 分；饭前不背感恩词的班级每次班级 -5 分。

（4）文明行走：室内、走廊、卫生间、楼梯，不追逐打闹，不喧哗，不坐在窗台、桌子、暖气上；走廊内除大型集会和上、下午间操外，其他时间学生上下楼梯要求右侧通行，轻声慢步，不允许 2 人以上并排上下楼梯，注意安全，违者每人次 -1 分，情节严重 -2 分。（以上要求，同一班级同时有 5 人以上违反，每次班级 -5 分）

（5）无故不参加课间操（每班 3 名值日生除外）及眼操态度不认真，每人次 -1 分。（眼操全班有三分之一未做，每次班级 -5 分）

（6）准时放学、准时关灯、关窗清校。放学时要排成一队，有序安静地离开教学楼，违者每人次 -1 分，情节严重者 -2 分。（以上要求，同一班级同时有 5 人以上违反，每次班级 -5 分）

（7）正规书包，正规背法；楼内不戴帽子，违者每人次 -1 分。（放学后离开教室就要整理好着装、背好书包）

（8）迟到、早退，每人次 -1 分；旷课，每人次 -2 分。

（9）课前两分钟做到快、静、齐等候老师上课；不违反课堂纪律和自习课纪律，按时、认真收听教育讲话（要求：停止一切班务，坐姿端正，桌面整齐干净），违者每人次 -1 分。（以上要求，同一班级同时有 5 人以上违反，每次班级 -5 分）

（10）爱护学校财产，不允许踩踏花坛，违者每人次 −5 分，并根据学校财产管理细则进行赔偿。

（11）出现违纪行为时，要积极配合管理者，做一个诚实、守信的南金人，违者每人次 −2 分，情节严重者，校纪处分。

（12）自主管理间周周五进行总结，满分 100 分，以年级组为单位，总分排名占年级组前三分之一的被评选为"红旗班级"。

★★ 扣分条一定要当天送到班主任手里，注明具体时间、问题、违纪者、检查者。

★★ 违纪者处理原则：

①违反以上规定，轻者将给予扣分处理。

②多次被记名，需要参加学校校纪辅导班，全校公示，学完后，向全校汇报。

③不服从管理，不配合值周工作，是团员者将给予团内处分及取消评优评先资格；不是团员者，也要相应扣分处罚。

④屡教不改，态度恶劣，将给予校纪处分，并记入综合素质量化中。

★★ 加分原则：

①个人拾金不昧，得到确认后每人次 +2 分。

②助人为乐，得到确认后每人次 +2 分。

③被评为优秀值周生的班级每人次 +1 分。

三、例示演练

表6-1 大连南金实验学校优秀班集体评选表

大连南金实验学校优秀班集体评选表
（2018—2019 上学年年度）

班级	班主任	德育					教学						得分总计
		值周	活动	班级文化建设	班会	海娃书	期中			期末			
							总排名进年级前三名	学科单项第一名	班级总排名提升	总排名进年级前三名	学科单项第一名	班级总排名提升	
9.1	张东军	50	10	0	5							10	46
9.2	刘晓莹	70	10	10	10		10	10		10	20		68
9.3	徐 丹	40	10	0	0			5		10		10	46
9.4	丛淑娣	70	10	5	6				10				58
9.5	魏春玮	40	20	0	0		10	10	10	10			44
9.6	柳春影	30	10	5	5				10			10	40
9.7	徐晓敏	30	10	5	10			10	10		5		32
9.8	张嵩嵩	50	10	0	5		10						46

第二节　学生个体评价办法与实施

实现多元化、标准化、全局化学校管理，促进学校特色活动开展，建设积极向上的文化氛围。通过勋章方式给予孩子们鼓励和适当提醒，发现他们的优点和缺点，以利于他们更好地成长。家庭教育也是重要一环，需要与家长保持密切沟通。把成长的每个脚印都记录下来，用实证记录学习和生活，形成可视化学生电子成长档案。

一、评价办法

（一）多样性评价内容

学校使用的德育教材，是将"小海娃"美德评价与学校监督检查的守礼、卫生、纪律、晨读、间操、眼保健操六项习惯常规养成项目结合为基础评价必备项内容，在此基础上由班级进行内容丰富与创新。我们发现，各班评价内容略有不同，但越公正的评价，标准越趋于一致，项目齐全，有质和量的积累，有评价的标准和等级。例如，班级将学校常规必备设为扣分项："海娃"美德、卫生、纪律、守礼、晨读、间操、眼保健操；班级自行研究设置了常规加分项——学习，特长加分项——艺术、体育、学科竞赛，特殊贡献加分项——人力、物力等。

（二）多主体评价方式

在多元评价体系中，班主任不再是唯一的评价者。依据师生共同制定的评价点和评价标准，学生从被评价者变为评价的参与者。不但有学生自我评价，还有学生互评。教师评价由科任教师与班主任共同参与，还增加了社会评价因素，形成多主体评价方式。

（三）多元化评价方式

科尔伯格道德六层次：第一层是因为害怕惩罚而不去做某事；第二层是为获得奖赏而行动；第三层是为取悦他人而行动；第四层是做遵守规则的人；第五层是做有契约精神、与人为善的人；第六层是有自己的行为准则，并奉行不悖。各年级依据学生所处年龄段的道德发展水平，制定了多元化的评价方式。

1. 线上方式

学生在德、智、体、美、劳方面的个性特长发展，及时运用辽宁省综合素质评价系统如实记录学生成长过程。

2. 线下方式

学生日常的过程性评价主要依托各学科教师和班主任，及时记录到考核表上，期末结束后综合考核分数赋予等级性评价。

3. 增值评价

关注进步成长较快的学生，学校设立学生"最佳进步奖"，激励学生要有强烈的成长意愿，才能取得较大的提升。

（四）结果运用

综合素质评价结果记录到辽宁省综合素质评价系统，作为中考录取的重要参考、学校学生各类评优评先的重要依据、南金优秀学生评选的主要参考条件等。

二、评价说明

（一）闭卷考试学科

学生的语文、数学、外语、物理、化学等科目由于是中考闭卷考试科目，学生对此的重视程度颇深，但极容易造成老师、家长及学生重成绩、轻能力等情况发生。闭卷考试科目的综合素质评价应有利于学生了解自己的进步，发现和发展相关潜能，建立自信，促进学科应用实践能力的发展；有利于教师总结、提高自己的教学水平；有利于加强和改进学校相关学科的教学工作，并有利于促进课程的发展。

（二）开卷考试学科

与闭卷科目不同，开卷科目相对而言经常受到学生与家长的轻视。然而在新中考改革背景下，考试科目增多，道德与法治、历史、地理、生物题目难度加大，题量增加，开卷科目更加需要学生日常多加梳理巩固，给予足够重视。学校此次综合素质评价一方面可以督促学生对于开卷科目的日常巩固与学习。另一方面，也有利于教师总结、提高自己的教学水平；有利于加强、改进学校相关学科的教学工作，并有利于促进课程的发展。

（三）考察学科

音乐、体育、美术等综合课程评价有利于学生了解自己的进步，发现和发展相关潜能，建立自信，促进自我感知、表现和创造等能力的发展；有利于教师总结、提高自己的教学水平；有利于加强和改进学校相关学科的教学工作，并有利于促进课程的发展。

（四）班级学生日常评价

班级日常考核应当能够促进学生发展德、智、体、美、劳全面发展，培养适应终身发展和社会发展需要的正确价值观、必备品格和关键能力。同时，要能够帮助教师更好地维系班级日常教育教学活动。

三、评价细则

中考中闭卷考试学科评价细则

本方案主要适用于语文、数学、英语、物理、化学等中考中闭卷考试的科目，评价对象为大连金南实验学校初中部学生，评价内容为学生相关科目的日常考核评价，学业测试成绩不包含在此评价中。

一、评价办法

（一）过程性评价量化考核

语、数、外、物、化等闭卷考试学科的日常考核评价采用量化考核评价制度，任课教师根据学生课堂表现、随堂测试、作业完成等具体情况对学生进行加减分处理。每日或每周进行分数核算，起始分为0分进行加减，教师可以根据日核算或周核算对学生进行奖惩，实现过程性评价量化考核。

（二）结果性评价等级考核

根据学生过程性的量化考核结果，每学期期末根据比率确定等级，等级划分为 A、B、C 三等。等级划分的标准为：A 等占比为 60% 左右，B 等占比为 30% 左右，C 等占比为 10% 左右。

二、过程性评价标准

表6-2　课堂评价量化表

项目	具体表现	加减分（每人次）
课堂表现	课堂注意力不集中／溜号／接话／扰乱课堂纪律／看课外书、摆弄东西等／忘记带学习用具、书本等	−1分
	上课积极主动回答问题等	+1分
随堂测验	错误较多	−1分
	满分／进步较大	+1分
作业质量	未完成／质量不佳／字迹不工整／抄袭等	−1分
	完成质量好／字迹工整／进步大	+1分

注：

1.各学科根据本学科特色和需要可以对扣分项目和加减分分值等进行修改，但一个班级内要求统一，确保考核公平。

2.如有学生在该学科学习中获得突出成绩（参赛获奖等），科任教师可根据具体情况加分。

3.每日考核表需存档，学期末进行等级评价留用。

4.为确保考核公平公正，考核加减分需要标注情况，每日考核结束后公布成绩及扣分缘由。

开卷考试学科评价细则

本方案主要适用于道德与法治、历史、地理、生物四门中考开卷考试科目，评价对象为大连南金实验学校初中部学生，评价内容为学生相关科目的日常考核评价，学业测试成绩不包含在此评价中。

一、评价办法

（一）过程性评价

政、史、地、生等开卷考试学科的日常考核评价采用等级评价制度，任课教师根据学生课堂表现、随堂测试、笔记质量等具体情况对学生进行加减分处理，每节课或每周进行分数核算，每学期期末根据学生整体考核分数确定等级。

（二）等级评价标准

等级划分为 A、B、C 三等。科任教师每节课或每周对学生加减分进行核算，起始分为 0 分进行加减，教师可以根据日核算或周核算对学生进行奖惩，学期末对整学期分数进行核算，等级划分的标准为：A 等占比为 60% 左右，B 等占比为 30% 左右，C 等占比为 10% 左右。

二、过程性评价标准

表 6-3　课堂评价量化表

项目	具体表现	加减分
课堂表现	课堂注意力不集中 / 溜号 / 接话 / 扰乱课堂纪律	每人次 −1 分
	上课积极主动回答问题	每人次 +1 分

续表

项目	具体表现	加减分
随堂测验	错误较多	每人次 –1 分
	满分 / 进步较大	每人次 +1 分
笔记质量	未完成 / 质量不佳 / 字迹不工整 / 错别字等	每人次 –1 分
	完成质量好 / 字迹工整 / 没有错别字	每人次 +1 分
小组合作	承担组长工作	每月 +1 分
	组员全体进步	全员每月 +1 分
	组内讨论热烈，得出正确答案或结论，并在班级内分享	组内每人 +1 分
	完成课堂探究任务前三名小组	组内每人 +1 分
	辅助小组内同学对错题进行纠正，小组组员全部完成课堂测验或课堂任务并得到满分	组内每人 +1 分
有效作业	作业创意、审美俱佳	+1 分
	没完成	–1 分
学科节实践活动	积极参与学科节活动	每人每个活动 +1 分
	完成优秀作品	每人每个作品 +1 分
生物实验	主动参与实验设计，能够完成实验操作 / 实验结果清晰	+1 分
	实验操作不积极	–1 分
	实验用具损坏	–2 分 + 赔偿
	实验课前、课后协助老师整理器材	+1 分

注：

1.各学科根据本学科特色和需要可以对扣分项目和加减分分值等进行修改，但一个班级内要求统一，确保考核公平。

2.如有学生在该学科学习中获得突出成绩（参赛获奖等），科任教师可根据具体情况加分。

综合素质评价细则

根据音乐、体育、美术、信息技术等综合学科的特点，并以各学科《义务教育课程方案和课程标准（2022年版）》规定的各学段、各年级的课程目标和教学领域为基准，制定学校学生综合素质等级评价方案。

一、评价办法

音乐、体育、美术、信息技术等综合性学科采用等级评价制度，综合过程性评价及结果性评价为学生核算分数，确定等级。

（一）过程性评价

所谓过程性评价，指的是学生在日常课堂上的表现及课后作业完成程度等。课上表现包括是否带乐器书籍等工具、课堂纪律、发言情况等，教师可根据学生每节课的表现为学生赋分，可采用加减分等方式。

（二）结果性评价

结果性评价指学生在该学科期末测试中的考核分数。考试形式各学科可依据学科特点进行选择，如音乐、美术、信息技术可以采取作品呈现的形式，体育可采取测试考核的形式等。

（三）等级评价标准

等级划分为A、B、C三等，最终评价以百分制计算，过程性评价占最终考核成绩的60%，结果性评价占40%，计算后相加即为学生的最终考核分数，即学生成绩＝过程性评价（分数 ×60%）+ 结果性评价（分数 ×40%）。等级划分的标准为：A 等占比为 60% 左右，B 等占比为 30% 左右，C 等占比为 10% 左右。

二、过程性评价标准

（一）音乐学科

1. 课堂注意力不集中 / 溜号 / 接话 / 扰乱课堂纪律，每人次 −1 分。

2. 上课积极主动回答问题每人次 +1 分。

3. 积极参与音乐比赛每人次 +1 分、比赛获奖校级 +1 分 / 区级 +2 分 / 市级 +3 分 / 省级 +4 分 / 国家级 +5 分。

（二）美术学科

1. 课堂注意力不集中 / 溜号 / 接话 / 扰乱课堂纪律，每人次 −1 分。

2. 上课积极主动回答问题每人次 +1 分。

3. 课堂美术作品成果展示每人次 +1 分。

4. 积极参与美术竞赛 / 书法比赛每人次 +1 分，比赛获奖校级 +1 分 / 区级 +2 分 / 市级 +3 分 / 省级 +4 分 / 国家级 +5 分。

（三）体育学科

1. 按时出勤。

2. 运动参与情况。

3. 运动技能掌握情况。

4. 身体健康情况（体测成绩 + 体检）。

5. 积极参与体育竞赛每人次 +1 分，比赛获奖校级 +1 分 / 区级 +2

分 / 市级 +3 分 / 省级 +4 分 / 国家级 +5 分。

（四）信息技术学科

1. 按时上课，保证出勤率。

2. 保证走廊纪律，安静有序进入 / 离开信息实验室，有违反纪律者，每人次 -3 分。

3. 课堂注意力不集中 / 溜号 / 讲话 / 扰乱课堂纪律，每人次 -1 分。

4. 课堂私自带零食 / 私自开关机 / 做与课堂无关的事，每人次 -5 分。

5. 不能完成课堂基础任务，每人次 -1 分。

6. 上课积极主动回答问题，每人次 +1 分。

7. 积极参与信息技术学科竞赛，每人次 +3 分，比赛获奖校级 +2 分 / 区级 +4 分 / 市级 +6 分 / 省级 +8 分 / 国家级 +10 分。

班级学生日常考核评价细则

班级是学生在学校学习的重要场所，学生在班级中的日常表现是学生综合素质评价中的重要组成部分。根据《义务教育评价指南》及《中学生日常行为规范》，特从文明与纪律、卫生与劳动两大方面制定学校班级学生日常表现的考核评价如下。

一、评价办法

（一）过程性评价量化考核

班级学生日常考核评价采用量化考核评价制度，班主任根据学生平时个人的行为习惯、纪律、劳动、卫生等方面的具体表现对学生进行加减分处理，每日或每周进行分数核算，起始分为 0 分进行加减，班主任可以根据日核算或周核算对学生进行奖惩，实现过程性评价量化考核。

（二）结果性评价等级考核

根据学生过程性的量化考核结果，每学期期末根据比率确定等级，等级划分为 A、B、C 三等。等级划分的标准为：A 等占比为 60% 左右，B 等占比为 30% 左右，C 等占比为 10% 左右。

二、过程性评价标准

（一）文明与纪律

1. 升国旗奏国歌要肃立，集会不随意走动、说话、吵闹，违反者每人次 -1 分。

2. 举止文明讲礼貌，友爱同学和他人，互帮互助，不打架骂人、不说脏话、不惹是生非，与人和谐相处，违反者每人次 -1 分。

3. 尊重师长，见到老师或客人要问好，不顶撞老师，未经老师允许随意进入教师办公室或在办公室外打闹、喧哗，违反者每人次 -1 分。

4. 服从班干部的合理安排及管理，因个人因素导致班级扣分、受通报等行为，违反者每人次 -1 分。

5. 上学、上课、活动集会、课间操等按时出勤，不迟到早退，不无故旷课，有事及时向班主任请假，违反者每人次 -1 分。

6. 自习课保持安静，认真学习，不扰乱课堂纪律，违反者每人次 -1 分。

7. 预备铃响后立即安静坐好，预习、复习课文，等待老师上课，违

反者每人次 -1 分。

8. 课间先做好下节课的课前准备再自由活动，活动期间不在教室或走廊、卫生间内大声喧哗、跑跳疯闹，上下楼梯不追逐、拥挤，违反者每人次 -1 分。

9. 无故不参加集体活动或活动迟到、不认真，每人次 -1 分。

10. 整队集合，到其他教室或操场上课、上操时，要做到快、静、齐，听从指挥，认真做操，违反者每人次 -1 分。

11. 做眼保健操时按要求认真做、做标准，注意用眼卫生，违反者每人次 -1 分。

12. 爱护校园的一草一木，一桌一椅，节约水电、纸张，若损坏学校公物（刻划桌子、破坏黑板报等）、破坏绿化、浪费资源，每人次 -1 分。

13. 严禁私自带危险物品到校，如刀具、打火机等，违反者没收物品，每人次 -1 分。

14. 严禁带手机、电话手表、iPad 等电子产品入校园，必须携带的按照学校手机管理规定上报学校，上交老师，违反者没收物品，每人次 -1 分。

15. 严禁携带不良的课外书籍、杂志等入校，严禁在课堂上看课外书，违反者没收，每人次 -1 分。

16. 严禁将玩具、零食等与学习无关的物品带入校园，违反者没收，每人次 -1 分。

17. 打架、盗窃、严重损害公物及他人财物、严重伤害他人及其他违法行为的，或受到学校处分的，每人次酌情扣分。

（二）劳动与卫生

1. 班级卫生

（1）值日生

①值日当天提早到校，在规定时间完成负责部分的卫生清扫，迟到或未按要求完成的，每人次 -1 分。

②值日生要认真做好区域卫生，对不认真做或做得不合格的，一次 -1 分。

③值日当天要按要求在早、中、晚课间操等时间做好卫生清扫，卫生区卫生要求全天候整洁，卫生区地面脏，有纸屑、杂物，违反者每人次 -1 分。

④清扫工具摆放不整齐，垃圾桶没有清理 -1 分。

（2）班级大清扫劳动时，要求全员按照老师、卫生委员或班长的合理分工，积极主动参与，认真完成清扫，不疯闹。表现积极地给予加分，逃避劳动或打扫不认真、不彻底的扣分处理。

（3）班级学生随地扔垃圾或把垃圾扔在垃圾桶外，每人次 -1 分。

2. 个人卫生

（1）经常修剪指甲，清洗双手，定期修剪清洗头发、换洗衣服，特别不整洁的每人次 -1 分。

（2）要保持个人桌椅整齐干净，不在桌椅、墙面等地乱涂乱画乱刻，违反者自行清理，每人次 -1 分。

（3）个人的课桌内、个人物品柜书本物品摆放脏乱，每次检查 -1分。

（4）要保持个人课桌周围整洁干净，地面若有纸屑、墨迹等 -1 分。

（三）其他

1.在班级日常管理当中，为班级作出突出贡献，如参加比赛获奖为班级争得荣誉等，由班主任酌情加分、表彰。

2.在班级日常管理当中，对班级造成不良影响，如为班级扣分或因个人原因使得班级受通报批评等，由班主任酌情进行减分或其他处理。

（四）注意事项

1.以上条目，违反者每人次 -1 分，情节严重者班主任酌情处理；表现积极、优秀者，每人次 +1 分，表现特别突出的，可酌情多加分。

2.班主任可以根据本班级特色和需要对扣分项目和加减分分值等进行修改，但一个班级内要求统一，确保考核公平。

3.每日考核表需存档，学期末进行等级评价所用。

4.为确保考核公平公正，考核加减分需要标注情况，每日考核结束后公布成绩及扣分缘由。

三、例示演练

（一）学生德育总评价表

表6-4　学生德育评价维度

评价维度		道德品质	公民素养	学习能力	交流与合作	审美与表现	运动与健康状况
评价结果	自评						
	互评						
	师评						
	总评（学校填写）						
情况记载							

综合性评语（班主任填写）：

班级评价工作小组成员签名：

　　　　　　　　　　　　　　　　　　年　月　日

学生家长签名：

　　　　　　　　　　　　　　　　　　年　月　日

学校评价工作小组成员签名：　　　　　　学校公章

　　　　　　　　　　　　　　　　　　年　月　日

（二）学生德育评价各维度分项标准

表6-5 学生道德品质评价标准

等次	评价标准
A	1. 积极参与德育活动，活动参与率95%以上。 2. 获得校级或校级以上"三好学生""优秀学生干部"或与本维度主要表现相关的荣誉称号。 3. 学生操行分在98分以上。 4. 不进营业性网吧、舞厅、电游室等，不打架斗殴，无不良习惯。 5. 同伴互评结果为6A或5A1B。
B	1. 积极参与德育活动，活动参与率85%以上。 2. 学生操行分在90分以上。 3. 不进营业性网吧、舞厅、电游室等，无不良习惯。 4. 同伴互评结果为5B，其余为C或C以上。
C	1. 积极参与德育活动，活动参与率60%以上。 2. 学生操行分在80分以上。 3. 基本能自控不进营业性网吧、舞厅、电游室等，无抽烟、喝酒、赌博等不良习惯。 4. 同伴互评结果为C或C以上。
D	1. 有严重违法行为。 2. 有经常性违纪行为，受到学校纪律处分且未撤销。 3. 有抽烟、喝酒、赌博、打架斗殴，进营业性网吧、舞厅、电游室等现象，并经教育不改，造成一定不良影响。

表6-6 学生公民修养评价标准

等次	评价标准
A	1. 评为校级或校级以上"三好学生""优秀干部"或获得与本维度主要表现相关的荣誉称号。 2. 参加各种社会公益活动5次以上。 3. 各项活动中均表现优秀。 4. 同伴互评结果为5A，其余为B或B以上。
B	1. 获得过与本维度主要表现相关的荣誉称号。 2. 参加各种社会公益活动3次以上。 3. 各项活动中表现良好。 4. 同伴互评结果为5B，其余为C或C以上。

续表

等次	评价标准
C	1. 参加各种社会公益活动 1 次以上。 2. 各项活动中表现一般。 3. 同伴互评结果为 C 或 C 以上。
D	1. 有严重违法行为或派出所有备案处理。 2. 有经常性违纪行为，受到学校纪律处分且未撤销。 3. 各项活动表现差。

表6-7　学生学习能力评价标准

等次	评价标准
A	1. 提供一份详细的学习计划和反思材料。 2. 作业完成率、考试（考查）参与率在 98% 以上。 3. 75% 以上的考试科目学习成绩总评达优，90% 以上的考查科目学习成绩总评达优。 4. 英语和语文口语交际、听力考查（考试）终结性评价为优。 5. 参与校本课程学习 50 课时以上。 6. 有校级或校级以上获奖记录。 7. 同伴互评结果为 4A，其余为 B 或 B 以上。 8. 学习兴趣活动记录评价为优。 9. 理、化、生、信息技术考查成绩评为优秀。
B	1. 提供一份较详细的学习计划和反思材料。 2. 作业完成率、考试（考查）参与率在 85% 以上。 3. 75% 以上的考试科目学习成绩总评达良，90% 以上的考查科目学习成绩总评达良。 4. 英语和语文口语交际、听力考查（考试）终结性评价为良或良以上。 5. 同伴互评结果为 4B，其余为 C 或 C 以上。 6. 学习兴趣活动记录评价为良。
C	1. 提供一份学习计划和反思材料。 2. 作业完成率、考试（考查）参与率在 70% 以上。 3. 考试和考查的科目学习成绩总评等级达合格。 4. 英语和语文口语交际、听力考查（考试）终结性评价为合格或合格以上。 5. 同伴互评结果为 C 或 C 以上。
D	1. 学习无计划。 2. 所学 80% 的课程每期成绩总评为待合格。 3. 英语和语文口语交际、听力考查（考试）终结性评价为待合格。

表6-8 学生交流与合作评价标准

等次	评价标准
A	1.非常喜欢参加集体活动，集体荣誉感很强，为集体活动出谋划策或担当组织者等重要角色。 2.与他人合作完成某项工作（如研究性学习，物理、化学、生物实验操作等），表现突出。 3.尊重并理解他人的思想、观点和习惯等，能客观地评价自己和他人，能主动真诚地与他人交流和合作，并能综合运用各种交流与沟通的方法。 4.有良好的人际关系和较强的社会交往能力。 5.表达能力强，能全面展示自我。 6.同伴互评结果为4A，其余为B或B以上。
B	1.喜欢参加集体活动，集体荣誉感强，能完成分配的任务，并能为集体活动出谋划策。 2.与他人合作完成某项工作（如研究性学习，物理、化学、生物实验操作等），表现较好。 3.比较尊重并理解他人的思想、观点和习惯等，能客观地评价自己和他人。 4.表达能力较强，能较全面地展示自我。 5.同伴互评结果为4B，其余为C或C以上。
C	1.能参加集体活动，有一定的集体荣誉感。 2.与他人合作完成某项工作（如研究性学习，物理、化学、生物实验操作等），表现一般。 3.一般情况下能尊重并理解他人的思想、观点和习惯等，能较客观地评价自己和他人。 4.表达能力一般，有展示自我的意识。 5.同伴互评结果为C或C以上。
D	1.参加集体活动较少，集体荣誉感一般。 2.与他人合作、交流不主动。 3.表达能力差，展示自我意识差或不积极。 4.处理人际关系的能力较差。

表 6-9　学生运动与健康评价标准

等次	评价标准
A	1. 参与课程学习，两操、阳光体育活动出勤率 90% 以上。 2. 初中三年体育与健康课程学习成绩总评为优，体育考试成绩为优秀。 3. 初中阶段学生体质健康检测成绩为优。 4. 有校级以上（含校级）体育竞赛成绩或获奖证书。 5. 同伴互评结果为 5A，其余为 B 或 B 以上。 6. 心理健康、活泼乐观、积极向上。
B	1. 参与课程学习，两操、阳光体育活动出勤率 85% 以上。 2. 初中三年体育与健康课程学习成绩评为良或良以上，体育考试成绩为良好以上。 3. 初中阶段学生体质健康检测成绩为良或良以上。 4. 同伴互评结果为 5B，其余为 C 或 C 以上。 5. 心理健康、活泼乐观、积极向上。
C	1. 参与课程学习，两操、阳光体育活动出勤率 70% 以上。 2. 初中三年体育与健康课程学习成绩总评为合格或合格以上，体育考试成绩为合格以上。 3. 初中阶段学生体质健康检测成绩为合格或合格以上。 4. 同伴互评结果为 C 或 C 以上。
D	1. 参与课程学习和两操出勤率 70% 以下。 2. 初中三年体育与健康课程学习成绩总评为待合格。 3. 初中阶段学生体质健康检测成绩为待合格。 4. 性格偏激、情绪不稳定、自控能力差。 5. 存在一定的心理障碍。

表 6-10　学生审美与表现评价标准

等次	评价标准
A	1. 善于发现、感受和交流自然和文学、艺术作品的美，自身语言美、行为美、仪表美。 2. 对音乐和美术课程学习有浓厚的兴趣。 3. 结课时音乐和美术学科考查成绩总评为优。 4. 有参加各级各类艺术活动的获奖成绩（包括音像资料）。 5. 同伴互评结果为 5A，其余为 B 或 B 以上。

等次	评价标准
B	1.能发现、感受自然和文学、艺术作品中的美，自身语言美、行为美、仪表美。 2.对音乐和美术课程学习兴趣较浓。 3.结课时音乐和美术学科考查成绩总评为良或良以上。 4.有参加各级各类艺术活动的原始记录或获奖成绩。 5.同伴互评结果为5B，其余为C或C以上。
C	1.能发现自然和文学、艺术作品中的美，自身语言和行为习惯较好。 2.对音乐和美术课程学习兴趣一般。 3.结课时音乐和美术学科考查成绩总评为合格或合格以上。 4.有参加班级或班级以上级别的艺术活动的原始记录或获奖成绩。 5.同伴互评结果为C或C以上。
D	1.缺乏正确的审美观念，自身语言和行为习惯较差。 2.参与音乐和美术课程学习兴趣不浓。 3.结课时音乐和美术学科考查成绩总评为待合格。

表6-11　语数外物化等闭卷考试学科日常考核评价表

_____年度_____学期_____学科日常考核评价表（模板）

班级：　　　　　日期：　　　　　　　任课教师：

序号	姓名	课堂表现	随堂测试	作业质量	其他	总分

表6-12　政史地生开卷考试学科日常考核评价表

_____年度_____学期_____学科日常考核评价表（模板）

班级：　　　　　日期：　　　　　任课教师：

序号	姓名	课堂表现	随堂测验	笔记质量	小组内加分项					有效作业	学科节	生物实验	总分
					组长	全员进步	讨论分享	任务前三	小组满分				

表6-13　音体美信等综合性学科等级评价表

_____年度_____学期_____学科期末考核表（模板）

班级：　　　　　　　　　　　任课教师：

序号	姓名	过程性评价 （分数 ×60%）	结果性评价 （分数 ×40%）	总分	等级

表6-14　班级学生日常考核评价表

_____年度_____学期_____班级学生日常考核评价表（模板）

班级：　　　　　日期：　　　　　负责人：

序号	姓名	文明与纪律	劳动与卫生	其他	备注	总分

第三节　班级专项评价办法与实施

一、评价办法

每个班级专项评价体系的建立都体现出师生共同的智慧，呈现了学校班级管理的多元化特色。不但要通过德育评价体系的建立，营造出自主管理、团结向上的班风，聚合体现出全校自强不息的校风，更是保障了让德育真正透过每一个班级落实到每一位学生行动上，发挥着德育的长效性和正能量。

结合新区"海娃"教材，创造性使用，使之成为师生、生生、家校沟通的平台，建立多方位、师生共同认可的班级专项评价体系。包括大课间、班级文化、班会课、军训课等方面表现情况，为班级建立公平、公正的评价氛围，促进班级朝着梦想方向发展。

二、评价说明

军训评价标准

根据以下标准给班级打出总分即可，满分 100 分，要体现出班级分差。

1.着装统一，队形横竖排整齐，齐步行进，摆臂幅度、步伐一致。（20分）

2.精神振作、严肃认真，站立、行走无驼背、弯腰、低头，精神面

貌良好。（20分）

3.立正、稍息动作规范、迅速准确、协调一致，无乱看、乱动。（20分）

4.口号短促有力、流畅，声音洪亮，能展现出积极向上的班级精神面貌。（20分）

5.立定动作规范、迅速准确、协调一致。停止间转法动作规范迅速、准确协调一致，身体无摇晃、靠脚一致、无杂声。（20分）

大课间评价标准

评比内容为：

1.出勤情况。以每班实际人数为基准，每班每天可留3人值日（病假的学生必须有班主任假条，任何学生不给事假）。每班特长生需在间操开始前在班级前集合接受值周生清查人数（每缺勤一人-1分），班主任和副班主任必须有一人在场（不得迟到，迟到一次-1分，缺勤一次-2分）。超出规定出操时间的，每班一人次-2分。

2.着装情况。统一穿着校服或班服，穿着整齐得体。

3.做操情况。动作规范、队形整齐、认真专注。（由值周老师或体育老师，对做操情况进行评比，每个年级每天评出两个优秀班级，每班+1分）

4.进出场情况。要求全程以齐步走进行，保持队伍整齐，步伐统一，体育委员随时调整，下达口令。（由值周老师或体育老师，对进出

场情况进行评比，每个年级每天评出两个优秀班级，每班 +1 分）

5. 特殊情况。如在间操过程中出现打闹、讲话嬉闹，每人次 -1 分。

注：计划将大课间评比纳入值周流动红旗考核中，每周每年级间操评比得分最高的三个班级，分别在流动红旗考核中加分。

班会课评价标准

1. 教育目标内容（40 分）

（1）主题鲜明，重点突出，整个班会自始至终均能围绕主题展开，能展示班级的文化和风采。（10 分）

（2）体现出班级核心精神。（10 分）

（3）有班训、班级宣言、班歌内容。（5 分）

（4）有班级文化介绍（板报、书画作品、板角文化等）。（5 分）

（5）班会内容具体而不空洞，对内能教育学生，对外能宣传班级，言之有物，贴近生活。（10 分）

2. 教育实施（35 分）

（1）设计合理，运作完整，时间把握得恰当。（10 分）

（2）主题班会活动能调动全体学生参与班会的积极性，师生互动，气氛热烈。（5 分）

（3）教师语言表达准确，教态自然大方。（10 分）

（4）教师在班会中发挥主导作用，学生在班会中发挥主体作用。（10 分）

3. 教育效果（15分）

（1）班会能深入学生内心，达到教育全班学生的目的，富有实效。（10分）

（2）每个学生必须能说明白我们班为什么叫××班，是要学习他什么样的精神或品质。会随机抽查2人提问。（5分）

4. 教案（10分）

（1）目标明确，准备到位。（5分）

（2）过程合理，预设充分。（5分）

表6-15 班级文化评价标准

考评项目	考评内容	评分标准	考核方式	得分
后墙报（60分）	主题"疫情在前，重任在肩"（10分）	主题正确、突出、美观	现场查看	
	疫情防控小知识（20分）	内容广泛、符合学龄段认知	现场查看	
	疫情之下的感悟与收获（20分）	学生原创：手绘、作文等	现场查看	
	社会主义核心价值观（10分）	美观大方	现场查看提问学生	
学生精神面貌（10分）	精神状态、礼仪、纪律（5分）	少先队员和团员每周一佩戴红领巾或团徽	现场查看	
	学生个人卫生、衣着(5分)	指甲、头发、班服（校服）	现场查看	

考评项目	考评内容	评分标准	考核方式	得分
班级疫情防控工作（15分）	测温表填写及粘贴（5分）	漏填 –2 分，粘贴不美观 –1 分	现场检查	
	消毒表填写及粘贴（5分）	漏填 –2 分，粘贴不美观 –1 分	现场检查	
	防疫物资存放及使用（5分）	防疫物资专人保管、固定位置存放、不乱摆乱放，否则 –4 分	现场检查	
班容（15分）	班级整体布置（5分）	桌椅摆放、绿植、书画，墙上无乱涂乱贴，否则一处 –1 分	现场检查	
	卫生情况（5分）	地面、玻璃、墙板面、卫生物品摆放	现场检查	
	分类垃圾桶使用（3分）	没有或未使用 –2 分	现场检查	
	学生物品柜（2分）	柜面干净，无乱放乱摆	现场检查	
亮点	有突出、新颖方面或做法额外加分，每项 +5 分		现场检查	

三、例示演练

表6-16　大连南金实验学校七年级军训课评价结果

班级	国学诵读	军训汇演	总分
7.1			
7.2			
7.3			
7.4			
7.5			
7.6			
7.7			
7.8			

在"磨砺坚毅品格，铸造南金精神"大连南金实验学校军训励志课

程中：

荣获团体三等奖的班级是：_____ _____ _____

荣获团体二等奖的班级是：_____ _____ _____

荣获团体一等奖的班级是：_____ _____ _____

荣获"坚毅小标兵"称号的同学分别是：

七年一班：赵盛甫、于童、张绪霖、宋子璇、孙佳绮

七年二班：门士博、赵佳一、杨欣悦、金佳妍、刘君铎

七年三班：程浩、薛涵文、徐志航、李天淑、左佳娴

七年四班：刘明伟、付海生、高鑫博、崔稚言、李嘉诚

七年五班：刘天成、王鹤滨、徐梓轩、黄晓彤、翟俊仪

七年六班：陈喜源、韩粮宇、郑子怡、孔慧萍、刘鑫蕊

七年七班：王超凡、高子谦、刘钟月、蔡欣玲、陈校涵

七年八班：曲宣名、刘天祥、崔金泽、刑佳欣、李浩宇

表6-17　大连南金实验学校大课间活动检查评价表

班级	应到人数	实际人数	服装	器材	集合	体委	老师	做操质量	自主活动	回归	备注

第四节　梦想班级专项评价办法具体案例

【案例1】如何设计与实施体验式班会课

《爸爸妈妈　我爱你们》班会课堂案例

大连南金实验学校　高　旭

一、"体验式"班会

"体验式"班会是融合了心理学、教育学及班主任教育理念的主题教育活动，具体就是指从学生的学习与生活经历出发，选取班会教育主题，以学生的积极参与、亲身体验为班会的核心内容，通过生生、师生互动分享与交流，获得更多的思考与感悟，深化对问题的理解与认识，从而达到自我成长、共同成长的目的。

二、与传统班会的区别

（一）淡化道义说教，重在主动参与

体验也叫体会，是用自己的生命来验证事实，感悟生命，留下印象。体验到的东西使得我们感到真实，它是一种生命的历程。在体验式班会中，道义价值观是通过学生的主动参与，在思考与感悟中逐渐形成的，而非由教师通过说教强加于学生身上的。

（二）思维碰撞，触动心灵

体验式班会学生之间、师生之间的互动分享与交流是频繁的，每个人的身份、性格和思维习惯不一样，对问题就会有不同的结论。通过真诚的分享与交流，更多的思维火花碰撞，才能对学生的心灵有所触动，真正实现"春风化雨，润物无声"。

三、如何设计"体验式"班会

（一）总体教育目标设计

刚刚毕业来到学校工作时，校长通知我有教研员要来听课，让我回家精心准备一节语文课。我是一个做事比较认真的人，真的精心准备了，上网收集各种资料，把认为新颖独特的设计纷纷安插在自己的教案中。结果并没有得到教研员的赏识，反而他的一句话让我一时语塞了："你这样设计这节语文课的目的是什么？"我是真的不知道，现在想想目的应该就是猎奇吧。从那时起不管是上语文课还是班会课，我都要问问自己这样设计的目的是什么。体验式班会不应该是逢年过节的"应景式"，而是要有总体规划与教育目的，至少要清晰自己对学生的期待。

所有的设计都要为目标服务，围绕目标来设计教学。

（二）班会主题的选取和素材的积累

主题选取：不光可以是学校统一安排的，还可以是根据学生日常学习生活中暴露的问题，或是社会热点问题，学生提供的素材，等等。

素材：可以来自人生经历，也可以来自报纸、杂志、互联网或是书籍、个人随笔等。

四、体验式班会设计步骤

（一）体验，从而有感受。

（二）发现，发现存在的问题。

（三）解决，寻求解决问题的策略。

（四）体验，前后对比观察不同。

五、课堂实例

（一）全力保护鸡蛋，感受父母的爱

师：同学们，昨天你们每个人都从家里带来了一枚生鸡蛋，一天多的时间已经过去了，你的鸡蛋怎么样了？

生：我的鸡蛋完好无损。

师：真好，心中的喜悦溢于言表。

生：我的鸡蛋碎了。

师：有点可惜，听出了你的伤心难过。

生：我的鸡蛋裂缝了。

师：要提高警惕喽，你还在苦苦挣扎。说一说你们在全力保护这枚鸡蛋的时候，有什么感受？

生：心里总有一件事情，拿作业本时都小心翼翼地，怕碰碎了。

师：以前有这样的情况吗？

生：没有。

师：说明你重视这件事了。

生：同学们走路时，我都害怕他们碰到我的桌子。

师：你真细心。

生：从家里到学校的途中，放在书包里，担心被挤碎了。

师：找不到合适的位置存放。

生：总觉得没有地方放，就是特别害怕碎了。

师：我来描述一下你的感受，"捧在手里怕碎了，含在口里怕化了"！

生：中午不敢出去玩，一直看着它。

师：你是一个非常有责任感的孩子。

生：很累，很辛苦。

师：这才哪到哪！对，孩子们，你们说得都对！有的时候越是想保护一样东西，就会越紧张，甚至会经常担心、害怕。今天同学们保护的是鸡蛋，你们知道我们的爸爸妈妈最想保护谁吗？

生齐说：我们。

师：对，正是你们。在爸爸妈妈眼中，不管你多大，都是那枚小小的鸡蛋，他们用心呵护你们，想让你们健康快乐地成长，从你们呱呱坠地、牙牙学语，到现在的侃侃而谈，相信一定能感受到爸爸妈妈的爱，可以结合你带来的小物件，讲一讲你和爸爸妈妈之间的小故事。

（二）讲小故事，发现父母的爱

师：你们带来了什么？

生：过生日时，爸爸妈妈送给我的，我最喜欢的超级飞侠。

师：送你心仪的礼物。

生：这是我小时候的衣服，我最喜欢它了。

师：尽管衣服已经洗得泛白了，但是爸爸妈妈对你的爱永不褪色。

生：这支笔是爸爸送我的，不会写作业时，爸爸耐心教我。

师：向你爸爸学习。

生：这是护膝，每次滑轮滑爸爸非得让我戴上。

师：小小的护膝，无限的父爱。

生：我们一家三口的照片。爸爸妈妈都在亲我，我是他们的大宝贝。

师：听了你们的故事，看了你们的照片，我想给你们仨起个绰号，"吉祥三宝"，希望你们永远幸福快乐。同学们，正如你们说的那样，有一天，你上吐下泻，高烧不退，折腾到半夜，在你迷迷糊糊的昏睡中，感受到一双手抚摸着你的额头，她还没有睡觉，不知道这样的动作在一夜间要重复多少次。有一天，电闪雷鸣，风雨交加，他的车子又坏在半路，为了准时接你放学，他步行来到学校，当你在校门口看见他时，他已经全身湿透了。有一天，她刚到单位，匆匆忙忙地打电话给老师：孩子保温杯的水太热了，您一定嘱咐孩子，晾凉了再喝。我们可以感受到爸爸妈妈热烈奔放的爱，因为它显而易见。

（三）读作息时间表，体会父母的爱

师：但是爸爸妈妈的爱，有时候含蓄内敛，需要用心体会。请同学们拿出爸爸妈妈的作息时间表，自己读一读。（5分钟）

生：（自己读）

师：谁来和大家分享爸爸妈妈的作息时间安排？

生1：（读妈妈作息时间表）

师：读了有什么感受？

生1：妈妈很辛苦，忙里忙外，片刻不停。

生2：（读妈妈作息时间表）

师：你有什么感受？

生2：妈妈需要照顾我和弟弟，时间被安排得满满的。

师：结合自己爸爸妈妈的作息时间表，你发现了什么？体会到了什么？

生：我体会到妈妈没有时间休息。

师：辛苦是我们可以看出来的。

生：除了工作，大部分时间都在陪我。

师：你就是他们的太阳，他们不停地围着你转。

生：每天都比我起床早。

师：何止是起床早，睡得也比你晚。每天早起1个小时，晚睡1个小时，一天就是2小时。一个月就是60个小时，一年就是720个小时。十年就是7200个小时。我们发现了爸爸妈妈热烈奔放的爱，也体会到了他们内敛含蓄的爱，那我们平时有没有不理解他们的时候？

（四）内省自身，反思自我（内省爱）

师：平时我们有什么做得不好的地方？说一说。

生：每次踢球回家后喝饮料，妈妈都生气。

师：身体发肤，受之父母，一定要爱惜自己的身体。

生：我写作业磨蹭，总偷偷玩玩具，没有照顾妈妈的感受。

师：这一点的确需要改进。

生：我在操场上玩的时候，经常把衣服弄脏了，妈妈还得帮我洗。

师：想到了细微之处。

生：早晨吃饭的时候，总惹妈妈生气。

师：看起来是件小事，其实牵动了父母的心。

生：经常会因为一点儿小事就和妈妈发火。

师：管理好情绪也是一门学问啊！

生：在学校调皮，妈妈偷偷掉眼泪。

师：我注意到"偷偷"这个词，你用心在体会爸爸妈妈的感受。

生：总因为写字潦草，让父母操心。

师：人们常说字如其人，文如其人，希望你的文和字成为你生活中亮丽的名片。你们有什么做得好的地方？

生：我自己完成作业，不用妈妈操心。

师：让我想到陶行知的一句话：滴自己的汗，吃自己的饭，自己的事情自己干，靠天靠地靠祖上，不算是好汉。

生：我每天回家都送妈妈一个大大的拥抱。

师：这是多么温馨的画面。

生：休息日的时候，我陪伴妈妈买菜。

师：陪伴是最长情的告白。

生：会定期写日记，感谢爸爸妈妈为我付出的一切，并读给他们听。

师：羊有跪乳之恩，鸦有反哺之义，你有一颗感恩的心。

生：以前是妈妈给我讲故事，现在我要给妈妈讲故事。

师：你能用知识来传递这份孝心，真棒。孩子们，我们要改正不好的地方，发扬我们已经做得好的地方。

（五）碰撞火化，回报父母的爱

师：体会了爸爸妈妈的爱，那你们有没有什么话想对父母说？或者想为父母做些什么呢？给大家点时间思考思考，也可以和小组成员互相说一说。

（5分钟思考）

生：我想对他们说：爸爸妈妈，我爱你们。

师：嗯嗯，爱要大声说出口。

生：我每天为妈妈递上一双拖鞋。

师：身体力行，为你点赞。

生：妈妈下班后，我给妈妈倒一杯水。

师：细微小事才能看见一个人的真心。

生：我要好好学习，报答妈妈。

师：这是妈妈最想看到的。

生：我画了一幅画送给爸爸。

师：希望你妙笔生花，用笔描绘你的心。

生：以后要节省，不要爸爸那么辛苦。

师：贴心的小棉袄。

生：我要给妈妈做顿饭。

师：看似平凡，对妈妈而言意义非凡。

生：等我长大了给爸爸妈妈买大别墅。

师：老师想告诉你们一句话，树欲静而风不止，子欲养而亲不待，对爸爸妈妈的爱要及时表达。还有很多同学有话想说，下面请拿出你的心愿卡，把想说的话、想做的事写下来。（写心愿卡片播放《天之大》）……

在父母劳累的时候_____

在父母生病的时候_____

在父母伤心的时候_____

在父母烦恼的时候_____

在父母外出的时候_____

在父母生日的时候_____

师：今天晚上就送给你们的爸爸妈妈。我相信，对他们而言，只要你表达了自己的爱，再稚拙的礼物他们也会觉得珍贵无比。今天，我们在一起发现、体会、反思、回报爸爸妈妈的这份爱。这个字老师并没有写错，这是繁体字。和平时写的"爱"字不同，它多了一个心，希望同学们细心发现爱，用心体会爱，耐心反思爱，悉心回报爱。回到家里要送给他们这张心愿卡片，饱含深情地对爸爸妈妈说：爸爸妈妈，我爱你们！

【案例2】如何有效实施家校共育调动家长"督学"积极性

积极沟通，赢得信任

大连南金实验学校　王晓辉

无论就教育本义而言，还是就学生成长而论，教师和家长都应成为"合伙人"。套用《合伙企业法》中的观点"合伙人共负盈亏，共担风险，对外承担无限连带责任"可以表述为：教师和家长应当为学生的成长共同负责，共担风险，并承担无限责任。而教师主动向"合伙人"伸手，让两者在教育理念和教育方式上达成一致，形成合力，尤为重要。

因此，一个健康的班级，必定要汇聚家长的力量，将家长视为教育学生的"合伙人"，与家长结成"统一战线"，方能实现学生的良性成长。否则，我们的学校教育，就可能真的成为一场"单恋"。

一、感同身受，容情合伙

教育是唤醒，是成全，是期待。其实在班级管理中，需要我们唤醒的不仅是孩子的内驱力，还有家长的教育观。作为每天和孩子们朝夕相处的家长，理解和信任学校及老师的教育，在家校合伙的过程中，尤为重要。唯有理解，才会以开放的心态期待绽放，才能在教育的过程中收获最有效的成果。

（一）问候电话，搭建沟通的桥梁

班级的 L 同学智力一般，学习也不得法，成绩比较一般。但 L 妈妈对他的期望值很高，每学期的期末考试后，做完试卷分析我都会打电话与家长沟通，我首先感谢 L 妈妈的积极配合："L 妈妈，这一学期，辛苦啦，非常感谢您对孩子的学习的重视，你娘儿俩的努力我看在眼里，真佩服您对孩子的耐心。"

L 妈妈总是有些许无奈地说："老师，他倒数第几？唉，怎么努力都白费。"同为家长的我，特别理解她的无奈与委屈，每日的耐心陪伴与教导，并没有让孩子的成绩突飞猛进，她此时一定有些灰心丧气。

我佯装生气地说："你这妈妈，怎么只看孩子的短处，他反复地练习，慢慢工整的字迹，每日认真完成的作业，你看不到吗？他的进步你看不到吗？孩子的坚持、努力、进取是多么宝贵，难道你只能看到分数？他的一生中该有多少考试，如果他能每次进步一点点，那将会是多么优秀。"

电话那头的妈妈"扑哧"一声乐了："老师，他这些进步你都看到了？他真的能行？"

其实此刻，L 妈妈已经不需要我的答案，她的心里已经埋下希望的种子，她愿意和孩子一起努力，她愿意牵着这只"蜗牛"走向终点，无论过程多么漫长、艰难。

像这样的电话我每周都会打给不同的孩子，情商低点儿的孩子，我会告诉家长大器晚成，前途不可限量；对于学习较为吃力的学生的家长，我总要想方设法地肯定孩子与家长的坚持。教育的本质意味着一棵树动摇另一棵树，一朵云推动另一朵云，一个灵魂唤醒另一个灵魂。我要做的就是努力地唤醒家长对于孩子的期待。

（二）温情传信，达成教育的共识

家校合力有时很难，怎么使劲也扭转不了乾坤，但有时候其实并没有那么复杂，只要你能够拨动家长心底的那根弦，一切难题将会迎刃而解。

此次疫情，让我度过了一个难熬的春节，正月初二那晚，班级有位同学出现了咳嗽、发热情况，就医后确诊为肺炎。因有武汉返连接触史，孩子和妈妈在医院隔离，一间病房，一套厚重的防护服。这位学生本就瘦弱，可以想象当时的母女俩是多么的惊慌与无助，于是我每天早、中、晚通过微信与家长发文字消息，从不发语音，因为每每说话，我总是控制不住哽咽的声音，此时的文字，安抚着我们彼此。每日抱着手机入眠，24小时开机，每天早晨道一句早安，问候是否吃饭，就这样我们隔空共度了14天，熬过了3次核酸检测，孩子康复出院。孩子母亲感谢我的多日陪伴，我们彼此感叹生命的珍贵。

从此，我们更像是朋友，无论是孩子的教育，还是班级的各项活动，她都冲在前面，孩子也越发优秀。俗话说亲其师，信其道，家长亦是如此。为拉裤子的孩子清洗衣物，为呕吐的同学收拾，为经期的女孩熬红糖水，雨天把雨伞给孩子，自己却淋成落汤鸡，在点滴中，我与家长成为真挚的"合伙人"。

二、专业引领，理性合伙

对于这类家长，我们尝试通过案例分享，或者请家长现身说法，告诉家长，爱他就尽早给他自由，让他独立，让家长明白孩子的个体差异，给他时间，拥有一份静候花开的心情。

家校合伙，能够给孩子的生命打上一些底色，希望他们的生命能再丰沛些，无论是道德还是情感等方面，都能有看得见的进步。

【案例3】如何有效实施班级文化建设"润物细无声"

缔造梦想教室

大连南金实验学校　韩　琳

班级文化是一种无形的教育力量，它就像春雨一样"润物细无声"，它能启迪学生的智慧，陶冶学生的性情，温暖学生的心灵。在班级管理中，我主要从以下几个方面进行尝试。

一、班级环境文化建设

苏霍姆林斯基曾说："只有创造一个教育人的环境，教育才能收到预期的效果。"

（一）教室励志语

让教室的每一面墙壁都会说话，每一件物品都发挥积极的教育作用，不仅要为学生创设温馨和谐的学习场所，而且要让教室成为学生心灵的港湾。

（二）建好图书角

图书角可以拓宽学生的视野，增长学生的见识，激发学生的阅读兴趣，增强班级读书氛围，真正发挥课外阅读的作用。

（三）教室整洁没垃圾

整洁的教室环境能给学生们增添生活和学习的乐趣，消除学习后的疲劳。

二、班级制度文化建设

（一）制定班级公约

让学生自己拟定班规，时时提醒自己，规范自己的言行。

班级公约：勤奋守纪，努力争先；朴素大方，文明节俭；礼貌待人，团结友善；积极思考，踊跃发言；静净敬竞，事事心关。

（二）制定班级奖罚制度

通过奖罚制度激励学生，激发学生的干劲，从而更加主动、自觉、积极地去学习、生活。奖励的方式可以多种多样，如口头表扬、鼓掌祝贺、经验介绍、物品奖励、颁发证书、授予小组荣誉称号等。

（三）班干部团队的建立

在组织召开班委选举大会时，无论是班委候选人的物色，还是班委人选的最后确定，都应该广泛地听取学生的建议，充分发挥民主，让学生积极推选能团结同学、办事认真、关心集体、乐于奉献的积极分子参与班级领导工作。

三、班级精神文化建设

一个班级要有班级精神。这种精神要在班级管理中有意识地培养，逐步让学生理解接受，根植在全体学生的心里。

（一）学校组织的活动

充分利用学校举办的各类活动，如运动会、经典吟诵等活动，积极对待各项德育活动，培养班级凝聚力；认真组织学生参与艺术节，培养集体荣誉感。这类活动规模大、影响深，对于形成健康向上、团结进取的班级团队精神起到很大作用。

（二）班级内部活动

班级内部的活动种类更是丰富多彩，如班会、辩论会等，这些活动形式多样、内容广泛，对学生的思想培养和观念转变起到潜移默化的影响作用。

班级文化是一种理想的黏合剂，能使学生彼此合作，同心协力；能减少同学之间的摩擦和内耗，增强其内部的凝聚力。特别是在关键时候或遇到重大困难时，能使同学们挺身而出，为了班级的整体利益而不惜牺牲个人的利益。班级文化的建设在班级管理中起着至关重要的作用，无形中影响着学生，像春雨般"润物细无声"。

【案例4】如何建立班级自治管理"小岗位，大作用"

小岗位，大作用

大连南金实验学校　毕秀华

民主协商治理班级，主要是把班级事务的决定权最大限度地还给学生们，它在保证大多数同学满意的同时，也发挥了每位同学的主人翁意识，这种意识正是我们要着力培养的。定岗定责的班级管理方法不是什么新鲜事物，但在我们班却不断升级，常用常新，大有一股将"定岗定责"进行到底的势头。

一、基础版：岗位设定，自主申报

为充分调动每个孩子参与班级工作、为同学服务的积极性，开学初，我利用班会课与同学们一起设定班级岗位，岗位利用思维导图的形式呈现，可以方便管理。班级设六个部门：学习部、卫生部、宣传部、生活部、纪检部、体育部，每个部门下设多个具体岗位。鼓励每项目工作多位同学申报，择优几位同学在班会上陈述申报理由，由其他同学投票决定。

以学习部为例，这个部门下设语文、数学、英语三科各一个代表，每个科代表配备多个小助理，例如语文科代表就有三个助理，这主要依据班级语文学科学业情况配置。我们班级语文作业主要有以下内容：《写字练习》、课文预习本、作文本、听写本，这三位助理的主要职责是每人负责两项作业的收发、预检，及时向语文科代表汇报数量、总体质量，特别是要督促、辅导个别写作业速度慢的孩子及时完成作业。

再如卫生部，一名部长配有三名卫生委员，分别负责早、中、晚指导值日学生完成值日工作，协助卫生部长检查各个小组的值日情况。此外其他部门也是如此安排。这样各部门分工明确，便于管理，不仅提高了孩子工作的积极性，而且引导孩子养成既明确职责，又相互合作、相互帮助的工作氛围。

二、升级版：班级考核，民主治班

相对于以往独立完成岗位工作，我们班的班级岗位工作并不是单打独斗，而是需要各部门同学团结协作。每周的班会课上，小组负责人都要简要总结本周小组成员在完成岗位工作的情况，并接受全班同学的民主考核。所以，每个部门的每位成员在完成岗位工作的同时，也有责任提醒、帮助其他同学做好岗位工作。同时，这些委员、代表的工作表现也为选拔新的干部、安排合理岗位提供了参考。

为了让更多的同学得到锻炼的机会，原则上班长、部长不连任，一是每学年竞选一次，二是做过班长的同学，由于对班级管理工作熟悉、能力出众，我会聘请他们为班主任助理，与我一同指导新上任的各部长。这样一来，班上的绝大多数同学都有各自的岗位、自我锻炼机会。孩子们的工作能力是在工作中培养出来的，定岗定责，他们各尽其责又相互协作，共同创造了和谐有序的班级生活。

班级管理亦是一门值得我潜心研究的课题，管是态度，理是方法，爱是桥梁，我将以积极的态度、合理的方法、满腔的热情管理班级，做到以情动心，以心促行！

【案例5】如何让班级在评价激励中走向有序

在评价中实现班级有序发展

大连南金实验学校　万佳宁

德国教育学家阿道尔夫·第斯多惠说："教学的艺术，不在于传授的本领，而在于激励、唤醒和鼓舞。"班主任在班级管理过程中，建立具有生长性、多样性的评价系统是多么的重要：用评价激励来让学生的言行获得认可，得到鼓舞，最大限度地激发学生的思想、丰富学生的情感和向上的动力，让班级在评价激励中走向有序。

一、评价激励立足于学生，具有个体针对性

我所任教的班级评价分为三大板块，班级黑板下的墙上贴好三个评比栏，第一板块为学习成绩——"日积月累"。平日测试每得一个100分，就在上面贴一枚粘贴，每月一总结，学生可以根据自己的喜好选择奖励。

班级评价的第二板块为卫生、纪律等行为习惯评比——"南金好海娃"。班级设有不同的表扬卡，如纪律、卫生、倾听、书写、表达等，在日常教育教学中，老师根据学生的评价分发卡片，从日常的点滴之中及时评价，让学生的言行获得认可，并且每日夕会汇总拍照，发到微信群中让家长了解孩子在校的表现。集齐4—5张表扬卡兑换一枚粘贴贴到好习惯评价表上，每月进行评比，学生可兑换自己喜欢的奖品。

在表扬卡兑换的规则中，充分尊重学生的个体差异，关注学生的发展，调动每个学生的积极性，"优等生"五枚表扬卡可以兑换一枚粘贴，"学困生"四枚表扬卡可以兑换一枚粘贴。希望评价机制的建立，就像摘苹果，让每个孩子跳一跳都能够得到，因材施"激"，因人而"励"。

评价一、二板块与每学期末区里"最美海娃"和"家风好传人"两个奖项评选直接挂钩，努力学习的孩子最美，所以"评价表一"记录了一学期孩子的学习情况，粘贴最多的就被评为"最美海娃"。试想一个品行端正、行为习惯良好的孩子，一定浸润着父母的汗水，所以当之无愧为"家风好传人"。

班级评价的第三个板块为小队竞赛——"小荷才露尖尖角",旨在提高学生的团队合作意识。班级设七个小组,首先我用心搭配每组成员,然后将每天整组收作业最快的、清扫最干净的,课间最有序的小队加粘贴,每周一评,每月获胜的小队长竞聘班级监督岗,这是对孩子们工作能力的认可。学生在合作争先的过程中,小组进取向上、进步团结,同时给学生营造一种积极的心态和强烈的竞争氛围,最大限度地调动学生的积极性,从而达到提高班级管理效果的目的。

二、评价激励的形式多样,以学定法

在日常的班级管理中,我更加关注评价的多样性,采用口头与书面、物质与精神等几个方面进行评价。特别是在每月的汇总评价中,格外需要深入学生内心需求,制订评价方案。随着学生年级的升高,他们对奖品的需求已由最开始的物质奖励到精神奖励,所以三年级在原有的物质激励的基础上,更加关注学生的精神需求,在每月的汇总评价中,他们可以选择自己喜欢的奖励,如品尝老师做的蛋挞、在微信群里为他做一次专访、"狠狠"地表扬他,或是给他的家长写一封感谢信,感谢他们教子有方,抑或是送他一本书,为他开一个阅读专场……

教师最大的快乐,或许是每天面对丰富、鲜活的生命,与孩子们一起感受生命的成长;教师最大的挑战,或许就是学会善待这些生命,让他们在激励中绽放。

参考文献

［1］宋艳丽，艾秀娟，毕秀华."梦想班级"德育模式下的特色班级建设［J］.辽宁教育，2020.

［2］中共中央、国务院关于深化教育教学改革全面提高义务教育质量的意见［J］.人民教育，2019.

［3］宋亚楠.习近平关于教育的重要论述研究［D］.郑州：河南大学，2022.06.

［4］周蓉晖.价值培育：班级文化建设的核心诉求［J］.江苏教育，2021.

［5］学校管理工作指导小组.校长学校行政与班级的管理［M］.沈阳：辽海出版社，2011.

［6］赵献梓，王剑彪.全方位育人的学校班集体构建方式［J］.教学与管理，2021.

［7］徐晓娜.学习的法宝——预习习惯［J］.文渊（高中版），2020.

［8］陈海滨，徐丽华.优秀班主任60个管理创意［M］.上海：华

东师范大学出版社，2013.

[9] 谢云.好班是怎样炼成的——小学班主任班级建设之道 [M].北京：中国轻工业出版社，2016.

[10] 蒯威.小处着手玩转班级管理"大魔方" [J].中国德育，2012.

[11] 张春娣.刚柔并济，文化润泽——略论班级文化创建的路径 [J].教学月刊小学版（综合），2019.

[12] 吉朦国.品德习惯兴趣的力量：生命成长力量教育实践研究 [M].长春：吉林大学出版社，2012.

[13] 王剑.以先觉敢为姿态，探究优秀班集体建设新篇章 [J].新教育，2023.

[14] 郭平.教师专业发展概论 [M].成都：西南交通大学出版社，2017.

[15] 郝晓颖.有内涵班集体的构建策略 [J].教育艺术，2022.

[16] 金庞.适应新时代教育建设高品质班集体 [J].中小学班主任，2022.

[17] 李根.指向"生·动"班集体建设的德育路径探寻 [J].辽宁教育，2023.